SANDRINE CAMPESE & AURORE PONSONNET

La dictée coquine

ÉPISODE 2

15 DICTÉES ÉROTIQUES POUR PIMENTER VOTRE ORTHOGRAPHE

Illustrations des avatars : Jean Navarre,
d'après les photographies de François Escriva

ASSiMiL

La dictée coquine

Vous tenez entre vos mains, plus vraiment innocentes, le deuxième tome d'un recueil de dictées coquines. Oui, coquines, vous avez bien lu ! Pour la première fois de son histoire, l'exercice scolaire et souvent rébarbatif de la dictée s'est vu dépoussiéré, décoincé, décontracté, décomplexé, et plein d'autres mots en *dé-*.

Ce pari osé, nous l'avons relevé il y a plus de quatre ans, nous, Aurore Ponsonnet et Sandrine Campese, amoureuses de la langue (française), complices à la vie comme à la scène. Car, avant de devenir un spicilège de textes épicés, la dictée coquine est d'abord un événement. Un événement auquel, il y a peu, l'on se rendait, stylo et souvent verre à la main, pour tester ses connaissances en orthographe.

Sous notre férule bienveillante, une quarantaine de dictées coquines se sont ainsi tenues à Paris et en région, réunissant des centaines de participants. La médiatisation dont nous avons bénéficié durant l'année 2019 (*Le Parisien*, France Inter, France 3, RMC, Konbini, *Le Figaro*, M6...) nous a permis, entre autres, d'occuper à plusieurs reprises la magnifique scène du *Zèbre* de Belleville, sise dans le 11e arrondissement de Paris.

Il est temps de rappeler le « mode d'emploi » de la dictée coquine, à l'attention des lecteurs et des lectrices qui nous découvriraient. Parce que nous sommes avant tout des autrices spécialisées en langue française, nous rédigeons à deux mains (chacune la sienne !) un texte inédit, comportant de nombreuses difficultés grammaticales et lexicales et, bien sûr, des passages érotiques. C'est ensuite que nous revêtons nos casquettes d'animatrices et, disons-le, de maîtresses d'école assez (d)étonnantes.

Le jour J, les participants s'installent dans la salle et reçoivent une feuille numérotée (l'exercice est anonyme). La dictée peut commencer. Après l'ultime relecture, les copies sont récupérées. Une petite pause s'impose : les copies sont alors distribuées au hasard aux autres participants. Place à la correction : nous projetons une à une les phrases de la dictée, explications à l'appui. C'est à chacun de noter le nombre d'erreurs de la copie qu'il a entre les mains, selon un barème donné. Cela demande de l'attention ! Lorsque la correction est terminée, les trois personnes qui ont fait le moins d'erreurs sont appelées sur le podium et récompensées. L'animation est terminée, c'est le moment de récupérer sa copie auprès de son correcteur et d'échanger avec nous.

Vous auriez aimé « en être », n'est-ce pas ? La bonne nouvelle, c'est que vous allez pouvoir rattraper le temps perdu ! Une fois dictés et corrigés, nos textes cessaient d'exciter les plumes et se retiraient chastement. Mais ça, c'était avant que notre éditeur, Assimil, nous propose de leur donner une seconde vie. C'était décidé : ils s'inviteraient désormais chez nos lecteurs, qui pourraient se prêter au jeu seul, à l'aide des enregistrements audio intégrés au livre, à deux, et plus si affinités...

À l'occasion de la Saint-Valentin 2020, le rêve est devenu réalité. Un premier ouvrage, réunissant quinze textes et corrigés a été publié chez Assimil sous le titre *La dictée coquine, épisode 1, 15 dictées pour pimenter votre orthographe.* Nous avons eu l'occasion de participer à quelques rencontres et signatures, avant l'arrêt forcé des festivités au printemps dernier. En effet, nous étions attendues dans différentes régions de France pour animer moult dictées. Nous avons heureusement pu répondre à certaines invitations avant le confinement et nous gardons un merveilleux souvenir de ces animations, notamment à Strasbourg et dans les Bistrots de Pays près de Chaumont.

Mais la dictée coquine n'avait pas dit son dernier mot ! Pendant le confinement, nous avons cherché un moyen de continuer à faire vivre notre événement. Il faut dire que notre chère communauté se manifestait chaque jour pour nous dire à quel point nous lui manquions. Nous avons décidé que la dictée coquine se tiendrait virtuellement, sur notre page Facebook : facebook.com/ladicteecoquine, que nous vous invitons à rejoindre. À cinq reprises, durant les mois d'avril et de mai, nous avons dicté, par vidéo, les aventures coquines de deux confinés, Perrine et Julien, qui s'étaient plu (oui, *u*) au premier regard lors des applaudissements sur leurs balcons respectifs. Une bonne centaine de participants nous ont suivies à chaque épisode, toujours disponibles en « revisionnage » sur notre page.

Quant à la reprise des dictées « en présentiel », comme il est coutume de dire désormais, elle devrait se faire incessamment ! Nous avons également bon espoir de poursuivre notre tournée. Vous avez envie de nous faire venir à Paris ou dans votre région ? N'hésitez pas à prendre contact avec nous en vous rendant sur notre site : ladicteecoquine.fr. En attendant, nous espérons que vous prendrez du plaisir à découvrir ces quinze nouvelles dictées dépoussiérées, décoincées, décontractées, décomplexées et… déconfinées !

Vive l'orthographe ! Vive la coquinerie !
Aurore Ponsonnet & Sandrine Campese

SOMMAIRE

À vos crayons !

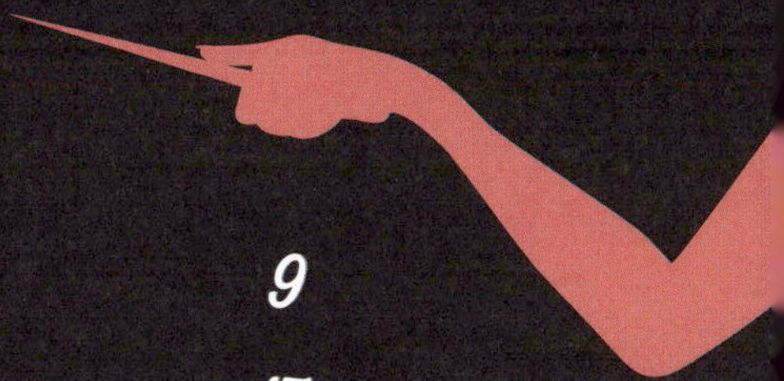

UNE RENTRÉE RÉUSSIE

Une rentrée réussie

François-Xavier de Beauval était un beau jeune homme érudit et fort brillant. Bien qu'il fût doué en tout, il décida d'élire une matière, en l'occurrence l'histoire-géographie, et de l'enseigner. Il fut affecté pour sa première expérience à Saint-Hilaire-lez*-Cambrai[1] dans le Nord. Par une fraîche[2] matinée de septembre, élégamment vêtu, il pénétra dans la cour du collège Saint-Luc. Il portait un pantalon en velours côtelé brun-gris, une chemise bleu foncé et une veste trois-quarts améthyste. Il venait assister à la réunion de prérentrée afin de rencontrer ceux qui seraient ses collègues de l'automne à l'été.

* [lɛ ; le]

D'ordinaire peu disert lors des premières rencontres, il ne manifesta aucune gêne en arrivant dans la salle polyvalente. Des Hilairiens avenants l'accueillirent en souriant. « Nous ne nous sommes pas encore rencontrés, dit une voix séraphique, mais nous nous sommes maintes fois parlé au téléphone. » Il se retourna et vit une femme bien en chair et appétissante, aux cheveux châtains et ondulés. « Je suis Mme[3] Vanier, principale du collège. » Il tomba sous son charme instantanément. « Mon mari et moi avons pour habitude de recevoir à dîner[4] les nouveaux professeurs. Venez donc ce soir à 20 heures. »

Le cœur battant, François-Xavier se présenta à l'heure susdite devant une imposante bâtisse. Le gilet sans manches qu'il avait choisi lui seyait-il ? Ses doutes se dissipèrent quand Mme[3] Vanier ouvrit l'huis. Il lui tendit la bouteille de bordeaux qu'il avait apportée. Quelque temps après son arrivée se produisit un événement[5] tout à fait inopiné. D'humeur accorte, la directrice posa sa main sur la cuisse de notre éphèbe et l'embrassa sur la pommette et sur la bouche. Ce dernier, enhardi* par le vin, lui rendit ses baisers, d'abord timidement, puis goulûment[6].

* [ɑ̃aʀdi]

Mme[3] Vanier était en train de déboutonner son chemisier lorsque des pas résonnèrent dans l'escalier. C'était son mari, que ce spectacle semblait ravir. Prenant place sur le canapé, il embrassa à son tour sa femme, tandis que celle-ci caressait l'entrejambe enflé de François-Xavier, semblable à celui d'une statue ithyphallique. Les hôtes ne tardèrent pas à ôter leurs vêtements. Mme[3] Vanier, dans le plus simple appareil, s'agenouilla devant son nouveau professeur pour le gratifier d'une fellation. Pendant ce temps, son mari la pénétrait avec vigueur, profitant d'une vue imprenable sur son corps stéatopyge. Tous jouirent de concert, bruyamment. François-Xavier sut à cet instant précis qu'il avait réussi sa rentrée.

VARIANTES ET AUTRES ORTHOGRAPHES ACCEPTÉES :
1. Saint-Hilaire-lès-Cambrai. **2.** fraiche. **3.** Mme. **4.** diner.
5. évènement **6.** goulument.

Une rentrée réussie

François-Xavier de Beauval était un beau jeune homme érudit et fort brillant. Bien qu'il **fût** doué en tout, il décida d'élire une matière, **en l'occurrence** l'histoire-géographie, et de l'enseigner. Il **fut** affecté pour sa première expérience à **Saint-Hilaire-lez-Cambrai** dans le **Nord**. Par une fraîche matinée de septembre, **élégamment** vêtu, il pénétra dans la cour du collège **Saint-Luc**. Il portait un pantalon en velours côtelé **brun-gris**, une chemise **bleu foncé** et une veste **trois-quarts** améthyste. Il venait assister à la réunion de prérentrée afin de rencontrer ceux qui seraient ses collègues de l'automne à l'été.

D'ordinaire peu **disert** lors des premières rencontres, il ne manifesta aucune **gêne** en arrivant dans la salle polyvalente. Des **Hilairiens** avenants l'**accueillirent** en souriant. « Nous ne nous sommes pas encore **rencontrés**, dit une voix **séraphique**, mais nous nous sommes maintes fois **parlé** au téléphone. » Il se retourna et vit une femme bien en chair et appétissante, aux cheveux **châtains** et ondulés. « Je suis Mme Vanier, principale du collège. » Il tomba sous son charme instantanément. « Mon mari et moi avons pour habitude de recevoir à dîner les nouveaux professeurs. Venez donc ce soir à 20 heures. »

Le cœur battant, François-Xavier se présenta à l'heure susdite devant une imposante bâtisse. Le gilet sans manches qu'il avait choisi lui seyait-il ? Ses doutes se dissipèrent quand Mme Vanier ouvrit l'huis. Il lui tendit la bouteille de bordeaux qu'il avait apportée. Quelque temps après son arrivée se produisit un événement tout à fait inopiné. D'humeur accorte, la directrice posa sa main sur la cuisse de notre éphèbe et l'embrassa sur la pommette et sur la bouche. Ce dernier, enhardi par le vin, lui rendit ses baisers, d'abord timidement, puis goulûment.

Mme Vanier était en train de déboutonner son chemisier lorsque des pas résonnèrent dans l'escalier. C'était son mari, que ce spectacle semblait ravir. Prenant place sur le canapé, il embrassa à son tour sa femme, tandis que celle-ci caressait l'entrejambe enflé de François-Xavier, semblable à celui d'une statue ithyphallique. Les hôtes ne tardèrent pas à ôter leurs vêtements. Mme Vanier, dans le plus simple appareil, s'agenouilla devant son nouveau professeur pour le gratifier d'une fellation. Pendant ce temps, son mari la pénétrait avec vigueur, profitant d'une vue imprenable sur son corps stéatopyge. Tous jouirent de concert, bruyamment. François-Xavier sut à cet instant précis qu'il avait réussi sa rentrée.

fût / fut / sut : après la locution *bien que*, qui marque la concession, l'usage du subjonctif est obligatoire. Ici, on a choisi le subjonctif imparfait, mais on aurait aussi pu utiliser le présent (*bien qu'il soit doué*). Les verbes *être* et *savoir* sont plus loin conjugués au passé simple de l'indicatif, mode de la réalité.
en l'occurrence : une occurrence, qui s'écrit avec deux *c* et deux *r*, est un événement qui se produit d'une manière imprévue. *En l'occurrence* signifie « dans ce cas précis ».
Saint-Hilaire-lez-Cambrai / Saint-Luc : lorsqu'un nom de lieu est composé, tous les mots, à l'exception de l'article initial, sont reliés par un trait d'union. Exemples : *place de l'Hôtel-de-Ville* **/** église Saint-Sulpice. La préposition *lez* ou *lès* signifie « près de ». Autre exemple : *Villeneuve-lès-Avignon*.
Nord : lorsqu'il s'agit d'une région ou d'un département, les noms *Nord*, *Est*, *Sud* et *Ouest* commencent par une majuscule. Exemple : *l'Europe du Nord.* Lorsqu'il s'agit du point cardinal, on les écrit avec une minuscule. Exemple : *Elle vient du nord de Marseille.*
élégamment / bruyamment : adverbes de manière. On retrouve le radical de l'adjectif, auquel on ajoute *-ment* (« de manière »). Comme le *n* ne peut précéder le *m*, on le change en *m*. Ici : *élégant + ment → éléga**m**ment* **/** *bruyant + ment → bruya**m**ment.*
brun-gris : lorsqu'un adjectif est composé de deux adjectifs de couleur, il est invariable et les deux éléments sont reliés par un trait d'union. Autre exemple : *des yeux bleu-vert.*
bleu foncé : les adjectifs de couleur composés sont invariables. Dans *une chemise bleu foncé*, ni *bleu* ni *foncé* ne s'accordent avec *chemise*. On pourrait dire que la chemise est d'un bleu qui est foncé.
trois-quarts : le trait d'union s'impose dès qu'il s'agit du nom, qu'il désigne un violon d'enfant, un manteau court ou un joueur de rugby. En revanche, la fraction *trois quarts* s'écrit sans trait d'union, comme toutes les fractions.
disert : terme proche d'*éloquen*t signifiant « qui parle avec facilité et élégance ». Il est issu du latin *disserere* (« enchaîner des raisonnements »).
gêne : avec un accent circonflexe sur le *e*, tout comme *gêner* et *gênant.* Ce mot est issu du vieux français *géhenne* (« torture »). On le distingue du *gène*, le segment d'ADN, un terme créé en 1909 par le biologiste Johannsen.
Hilairiens : *Hilairien* étant ici un nom, il prend une majuscule, comme tous les noms d'habitants des villes, des pays, des continents, des planètes, etc.
accueillirent : dans les graphies *-cueil* et *-gueil*, le *e* et le *u* s'inversent pour que l'on prononce [k] et [g]. Exemples : ***cue****illir, acc****ue****il, org****ue****il.* Attention, le verbe *accueillir*, comme le nom *accueil* et l'adjectif *accueillant*, s'écrit avec deux *c*.
rencontrés : si les pronoms *me, te, se,* etc., répondent à la question « quoi ? » ou « qui ? », ils sont compléments d'objet directs (COD). Or, le participe passé s'accorde avec le COD si celui-ci est placé avant le verbe. Ici : *Nous n'avons pas encore rencontré qui ? Nous. → Nous ne* ***nous*** *sommes pas encore rencontr**és**.*
séraphique : qui évoque les séraphins, les anges. Synonyme : *angélique*.
parlé : si les pronoms *me, te, se,* etc., répondent à la question « à quoi ? » ou « à qui ? », ils sont compléments d'objet indirects (COI). Or, le participe passé ne s'accorde jamais avec le COI. Ici : *Nous avions parlé à qui ? À nous. → Nous nous étions parl**é**.*
châtains : *châtain* n'est pas un nom d'élément naturel (contrairement à *châtaigne*). C'est donc un adjectif, qui s'accorde avec le nom qu'il décrit. Le féminin *châtaine* existe, mais il est rare et littéraire.

Une rentrée réussie

François-Xavier de Beauval était un beau jeune homme érudit et fort brillant. Bien qu'il fût doué en tout, il décida d'élire une matière, en l'occurrence l'histoire-géographie, et de l'enseigner. Il fut affecté pour sa première expérience à Saint-Hilaire-lez-Cambrai dans le Nord. Par une fraîche matinée de septembre, élégamment vêtu, il pénétra dans la cour du collège Saint-Luc. Il portait un pantalon en velours côtelé brun-gris, une chemise bleu foncé et une veste trois-quarts améthyste. Il venait assister à la réunion de prérentrée afin de rencontrer ceux qui seraient ses collègues de l'automne à l'été.

D'ordinaire peu disert lors des premières rencontres, il ne manifesta aucune gêne en arrivant dans la salle polyvalente. Des Hilairiens avenants l'accueillirent en souriant. « Nous ne nous sommes pas encore rencontrés, dit une voix séraphique, mais nous nous sommes maintes fois parlé au téléphone. » Il se retourna et vit une femme bien en chair et appétissante, aux cheveux châtains et ondulés. « Je suis Mme Vanier, principale du collège. » Il tomba sous son charme instantanément. « Mon mari et moi avons pour habitude de recevoir à dîner les nouveaux professeurs. Venez donc ce soir à 20 heures. »

Le cœur battant, François-Xavier se présenta à l'heure **susdite** devant une imposante bâtisse. Le gilet **sans manches** qu'il avait choisi lui **seyait**-il ? Ses doutes se dissipèrent quand Mme Vanier ouvrit **l'huis**. Il lui tendit la bouteille de **bordeaux** qu'il avait **apportée**. **Quelque** temps après son arrivée se produisit un événement tout à fait inopiné. D'humeur **accorte**, la directrice posa sa main sur la cuisse de notre **éphèbe** et l'embrassa sur la pommette et sur la bouche. Ce dernier, **enhardi** par le vin, lui rendit ses baisers, d'abord timidement, puis **goulûment**.

Mme Vanier était en train de déboutonner son chemisier lorsque des pas **résonnèrent** dans l'escalier. C'était son mari, que ce spectacle semblait ravir. Prenant place sur le canapé, il embrassa à son tour sa femme, tandis que celle-ci caressait l'entrejambe **enflé** de François-Xavier, semblable à celui d'une statue **ithyphallique**. Les **hôtes** ne tardèrent pas à **ôter** leurs vêtements. Mme Vanier, dans le plus simple appareil, s'agenouilla devant son nouveau professeur pour le gratifier d'une fellation. Pendant ce temps, son mari la pénétrait avec vigueur, profitant d'une vue imprenable sur son corps **stéatopyge**. Tous jouirent **de concert**, **bruyamment**. François-Xavier **sut** à cet instant précis qu'il avait réussi sa rentrée.

susdite : on écrit en un seul mot les termes composés d'un article et de *dit* (ou *dite*). Autres exemples : *ledit* | *ladite* | *lesdits* | *lesdites* | *dudit* | *desdits* | *desdites*. Il en va de même pour *susdit* et *susdite*.
sans manches : même si le gilet en est ici dépourvu, le nom *manche* prend la marque du pluriel. La raison ? S'il y en avait, il y en aurait plusieurs (ici, deux). Autre exemple : *un ciel sans nuages.*
seyait : le verbe *seoir* conjugué à l'imparfait à la 3e personne du singulier. Celui-ci signifie « considéré comme convenable, correct » ou « qui va bien » en parlant d'un vêtement. L'adjectif correspondant est *seyant*.
l'huis : hérité de l'ancien français, un *huis* est une porte. On le retrouve dans *huisserie* et *huissier* (littéralement « gardien d'une porte »). Le *h* de *huis* est muet, on écrit donc ***l'****huis* et non *le huis*.
bordeaux : pas de majuscule aux noms de vin (un bourgogne, un bordeaux...). D'où *la bouteille de bordeaux,* quand il s'agit d'un vin rouge du Bordelais.
apportée : le participe passé s'accorde avec le complément d'objet direct* si celui-ci est placé avant le verbe. *Le COD répond à la question « quoi ? » ou « qui ? ». Ici : *Il avait apporté quoi ? La bouteille (qu'). → La bouteille* ***qu'****il avait apporté****e****.*
quelque : lorsque le déterminant *quelque* est suivi d'un nom au singulier, il s'écrit sans s. Autres exemples : *quelque part* | *quelque chose.*
accorte : d'origine italienne, l'adjectif *accort* signifie « avenant, gracieux ». On l'emploie surtout au féminin. Autres exemples : *une personne accorte* | *une physionomie accorte.*
éphèbe : nom d'origine grecque signifiant « très beau jeune homme ».
enhardi : participe passé du verbe *enhardir*. On prononce bien [ɑ̃aʀdi], car le *h* de *hardi* (« audacieux ») est aspiré et interdit la liaison.
goulûment : parmi les adverbes en *-ument*, seuls prennent un accent circonflexe *assidûment, congrûment, continûment, crûment, dûment, goulûment, incongrûment, indûment* et *nûment.* Cependant, depuis les rectifications de 1990, cet accent circonflexe est facultatif.
résonnèrent : verbe *résonner* conjugué au passé simple à la 3e personne du pluriel. Il signifie « produire un son accompagné de résonances » (attention, un seul *n* au nom *résonance*). On le distingue du verbe *raisonner* qui, lui, veut dire « se servir de sa raison » – ce qui n'est pas vraiment le cas des pas de M. Vanier !
enflé : s'accorde avec le nom masculin *entrejambe*.
ithyphallique : en forme de pénis dressé ou représenté en état d'érection. Cet adjectif est issu du grec *ithuphallikon*, lui-même composé d'*ithus* (« droit ») et de *phallos* (« pénis »).
hôtes : l'hôte est la personne qui reçoit ou qui offre l'hospitalité. L'accent circonflexe est un héritage de l'ancienne graphie *hoste*.
ôter : le *o* du verbe ôter prend un accent circonflexe. Rappelons que si celui-ci reste obligatoire sur *a, e,* et *o*, il est facultatif sur *i* et *u*, sauf en cas d'homonymie ou s'il s'agit d'une marque de conjugaison (passé simple, subjonctif imparfait et plus-que-parfait).
stéatopyge : mot d'origine grecque, issu de *steatos* (« graisse ») et *pugê* (« fesse »). Il signifie « qui a des fesses fortement développées ».
de concert : locution signifiant « en accord ». *Jouir de concert*, c'est jouir ensemble, en harmonie. Elle est proche de l'expression *de conserve*, issue du jargon maritime, qui signifie « en suivant la même route ».

LA DOUBLE VIE DE CAMILLE

La double vie de Camille

Comme tous les vendredis soir, Camille s'apprêtait à exercer ses talents dans le lupanar de la rue Victor-Hugo. Elle revêtit une guêpière composée d'un porte-jarretelles auquel étaient agrafés des bas ébène, puis un trois-quarts et une paire de bottines qui lui donnaient presque un air de sainte-nitouche. Quelques gouttes d'huile essentielle de myrrhe amère dans le cou et elle passa la porte cochère. À 20 heures précises, elle arriva au lieu susdit et guetta le chaland. On lui indiqua qu'un client avait demandé qu'elle bandât ses yeux pendant leurs rapports[1]. Agenouillée telle une catholique pratiquante, les yeux recouverts d'une étoffe bleu-noir, Camille l'attendait…

* [mwal]

Quand celui-ci entra dans la chambre, un frisson lui parcourut la moelle* épinière. L'homme vint alors attraper ses hanches et glissa sa langue entre ses fesses bombées, dessinant des cercles autour de son anus, allant et venant entre les orifices. Par moments, il durcissait sa langue pour l'introduire dans son œillet. Camille pensa : *On dirait qu'il connaît[2] toutes mes zones érogènes !* Au terme de cette feuille de rose parfaitement exécutée, il se débraguetta pour libérer son phallus érigé.

Après l'avoir badigeonné de lubrifiant, il pénétra *pianissimo* la jeune femme qui avait toujours les yeux bandés. Ce faisant, il attrapa sa queue-de-cheval qu'il tira délicatement, puis agrippa ses seins généreux dont il pinça les tétons turgescents. Elle laissa échapper un long râle de plaisir mâtiné de douleur exquise. Depuis le début de cet assaut sensuel, elle avait perçu des effluves corporels qui ne lui étaient pas inconnus. Était-ce un client régulier ? Les va-et-vient et les caresses s'étant succédé, Camille atteignit l'empyrée. Son partenaire se retira d'elle et de la chambre.

De retour chez elle le lendemain matin, Camille fonça dans la salle de bains, ôta son maquillage, mit son camée en agate et l'un de ses serre-tête[3] favoris. Jean-Édouard et les enfants, attablés pour le petit-déjeuner, la virent arriver tout enjouée. Lorsqu'ils furent tous partis, elle s'étendit nonchalamment sur son lit à baldaquin. Elle trouva alors sous son oreiller un billet doux de son époux : *Pourvu que j'aie encore l'occasion de t'y retrouver et que soient tout aussi incandescents nos prochains ébats...*

VARIANTES ET AUTRES ORTHOGRAPHES ACCEPTÉES :
1. leur rapport. 2. connait. 3. serre-têtes.

La double vie de Camille

Comme tous les **vendredis soir**, Camille s'apprêtait à exercer ses talents dans le **lupanar** de la rue **Victor-Hugo**. Elle revêtit une guêpière composée d'un **porte-jarretelles** auquel étaient **agrafés** des bas **ébène**, puis un **trois-quarts** et une paire de bottines qui lui donnaient **presque** un air de **sainte-nitouche**. Quelques gouttes d'huile essentielle de **myrrhe** amère dans le cou et elle passa la porte cochère. À 20 heures **précises**, elle arriva au lieu **susdit** et guetta le chaland. On lui indiqua qu'un client avait demandé qu'elle **bandât** ses yeux pendant leurs rapports. Agenouillée **telle** une catholique **pratiquante**, les yeux recouverts d'une étoffe **bleu-noir**, Camille l'attendait…

Quand celui-ci entra dans la chambre, un frisson lui parcourut la **moelle** épinière. L'homme vint alors attraper ses hanches et glissa sa langue entre ses fesses bombées, dessinant des cercles autour de son anus, allant et venant entre les orifices. Par moments, il durcissait sa langue pour l'introduire dans son **œillet**. Camille pensa : *On dirait qu'il connaît toutes mes zones érogènes !* Au terme de cette **feuille de rose** parfaitement exécutée, il se **débraguetta** pour libérer son phallus érigé.

Après l'avoir badigeonné de lubrifiant, il pénétra pianissimo la jeune femme qui avait toujours les yeux bandés. Ce faisant, il attrapa sa queue-de-cheval qu'il tira délicatement, puis agrippa ses seins généreux dont il pinça les tétons turgescents. Elle laissa échapper un long râle de plaisir mâtiné de douleur exquise. Depuis le début de cet assaut sensuel, elle avait perçu des effluves corporels qui ne lui étaient pas inconnus. Était-ce un client régulier ? Les va-et-vient et les caresses s'étant succédé, Camille atteignit l'**empyrée**. Son partenaire se retira d'elle et de la chambre.

De retour chez elle le lendemain matin, Camille fonça dans la salle de bains, ôta son maquillage, mit son camée en agate et l'un de ses serre-tête favoris. Jean-Édouard et les enfants, attablés pour le petit-déjeuner, la virent arriver tout enjouée. Lorsqu'ils furent tous partis, elle s'étendit nonchalamment sur son lit à baldaquin. Elle trouva alors sous son oreiller un billet doux de son époux : *Pourvu que j'aie encore l'occasion de t'y retrouver et que soient tout aussi incandescents nos prochains ébats…*

vendredis soir : les noms de jours, qui s'écrivent avec une minuscule, prennent la marque du pluriel comme n'importe quel nom commun. En revanche, placés après eux, *matin* et *soir* ne s'accordent pas, comme dans *les vendredis au soir*.
lupanar : maison de prostitution ou bordel (vulgaire). Nom issu du latin *lupa* (« la louve »), qui, au sens figuré, est une prostituée.
Victor-Hugo : traditionnellement, les mots composant les noms de rue prennent une majuscule et sont séparés par un trait d'union.
porte-jarretelles : nom invariable composé d'un verbe et d'un nom, issu de *jarret*, lui-même provenant probablement du gaulois *garra* (« la jambe »).
agrafés : on accorde ce participe passé avec le sujet *des bas ébène*, même si celui-ci est placé après le verbe. Attention, ce mot ne prend qu'un seul *f*, tout comme *agrafe* et *dégrafer*.
ébène : les adjectifs de couleur issus d'un nom commun sont en général invariables, d'où *des bas ébène* (noirs comme le bois d'ébène).
trois-quarts : le trait d'union s'impose dès qu'il s'agit du nom, qu'il désigne un violon d'enfant, un manteau court ou un joueur de rugby. En revanche, la fraction *trois quarts* s'écrit sans trait d'union, comme toutes les fractions.
presque : l'adverbe *presque* ne s'élide jamais, sauf dans le nom *presqu'île*.
sainte-nitouche : altération de *n'y touche (pas)*. Une *sainte-nitouche* est une femme aux mœurs légères, mais qui fait semblant d'être prude.
myrrhe : gomme-résine aromatique, très présente dans de nombreuses mythologies et religions, connue pour être relaxante.
précises : s'accorde avec le nom féminin *heure*, ici au pluriel. Autre exemple : *trois heures tapantes*.
susdit : on écrit en un seul mot les termes composés d'un article et de *dit* (ou *dite*). Autres exemples : *ledit* | *ladite* | *lesdits* | *lesdites* | *dudit* | *desdits* | *desdites*.
bandât : le verbe *bander* est ici conjugué au subjonctif imparfait, car il s'agit d'un souhait (verbe *demander* + *que*). On utilise ce temps dans des textes au style soutenu.
telle : lorsque *tel* est épithète, il se place devant le nom et s'accorde avec lui. Autre exemple : *telle mère, telle fille*.
pratiquante : certains adjectifs et noms issus du participe présent des verbes en *-quer* se terminent par *-cant* (*communicant* | *convaincant* | *fabricant*) et d'autres par *-quant* (*attaquant* | *craquant* | *piquant*).
bleu-noir : lorsqu'un adjectif est composé de deux adjectifs de couleur, il est invariable et les deux éléments sont reliés par un trait d'union. Autre exemple : *des yeux gris-vert*.
moelle : attention, pas de tréma ni d'accent sur le premier e, comme dans *moelleux, moelleuse, moelleusement* ou encore *moellon*.
œillet : joli nom de fleur qui désigne en argot... l'anus !
feuille de rose : autre nom de l'anulingus, la feuille de rose est l'acte sexuel consistant à exciter buccalement l'anus de son partenaire.
débraguetta : le verbe *débraguetter*, que l'on doit au célèbre écrivain du XVIe siècle François Rabelais, signifie « défaire la braguette ». Il est ici au passé simple, temps utilisé pour mettre l'action au premier plan.

La double vie de Camille

Comme tous les vendredis soir, Camille s'apprêtait à exercer ses talents dans le lupanar de la rue Victor-Hugo. Elle revêtit une guêpière composée d'un porte-jarretelles auquel étaient agrafés des bas ébène, puis un trois-quarts et une paire de bottines qui lui donnaient presque un air de sainte-nitouche. Quelques gouttes d'huile essentielle de myrrhe amère dans le cou et elle passa la porte cochère. À 20 heures précises, elle arriva au lieu susdit et guetta le chaland. On lui indiqua qu'un client avait demandé qu'elle bandât ses yeux pendant leurs rapports. Agenouillée telle une catholique pratiquante, les yeux recouverts d'une étoffe bleu-noir, Camille l'attendait...

Quand celui-ci entra dans la chambre, un frisson lui parcourut la moelle épinière. L'homme vint alors attraper ses hanches et glissa sa langue entre ses fesses bombées, dessinant des cercles autour de son anus, allant et venant entre les orifices. Par moments, il durcissait sa langue pour l'introduire dans son œillet. Camille pensa : *On dirait qu'il connaît toutes mes zones érogènes !* Au terme de cette feuille de rose parfaitement exécutée, il se débraguetta pour libérer son phallus érigé.

Après l'avoir badigeonné de lubrifiant, il pénétra pianissimo la jeune femme qui avait toujours les yeux bandés. **Ce** faisant, il attrapa sa **queue-de-cheval** qu'il tira délicatement, puis **agrippa** ses seins généreux dont il pinça les tétons **turgescents**. Elle laissa échapper un long râle de plaisir **mâtiné** de douleur exquise. Depuis le début de cet assaut sensuel, elle avait perçu des effluves **corporels** qui ne lui étaient pas **inconnus**. Était-ce un client régulier ? Les **va-et-vient** et les caresses s'étant **succédé**, Camille atteignit l'**empyrée**. Son partenaire se retira d'elle et de la chambre.

De retour chez elle le lendemain matin, Camille fonça dans la **salle de bains**, ôta son maquillage, mit son **camée** en agate et l'un de ses serre-tête favoris. Jean-Édouard et les enfants, attablés pour le petit-déjeuner, la virent arriver **tout** enjouée. Lorsqu'ils furent tous partis, elle s'étendit **nonchalamment** sur son lit à **baldaquin**. Elle trouva alors sous son oreiller un billet doux de son époux : *Pourvu que* ***j'aie*** *encore l'occasion de t'y retrouver et que* ***soient*** *tout aussi* ***incandescents*** *nos prochains ébats...*

ce : si le remplacement par « cela » est possible, c'est « ce » qu'il faut écrire. *Ce faisant = en faisant cela.* Autre exemple : *pour ce faire (pour faire cela).*
queue-de-cheval : coiffure qui évoque la queue d'un cheval. Mais si vous enlevez les traits d'union, c'est tout autre chose !
agrippa : vient de *gripper*, qui s'écrit également avec deux *p*. Ce verbe d'autrefois signifie « attraper, saisir ».
turgescents : la turgescence est l'augmentation de volume d'un organe, notamment par rétention de sang veineux. *Turgescent* signifie donc « gonflé, enflé ».
mâtiné : le *mâtin* est un gros chien. *Faire mâtiner une chienne* signifie « la faire couvrir par un chien de race différente ». *Être mâtiné* signifie « ne pas être de race pure », au sens figuré, « être mêlé de ».
corporels / inconnus : il faut accorder *corporels* et *inconnus* avec le nom masculin *effluves*, ici au pluriel.
va-et-vient : les noms composés de deux verbes sont invariables. Le nom composé *va-et-vient* est issu des verbes *aller* et *venir* et s'écrit avec deux traits d'union.
succédé : si les pronoms *me, te, se*, etc. répondent à la question « à quoi ? » ou « à qui ? », ils sont compléments d'objet indirects (COI). Or, le participe passé ne s'accorde jamais avec le COI. Ici : *Les va-et-vient et les caresses ont succédé à quoi ? À eux-mêmes (se).* → *Ils* **se** *sont succédé.*
empyrée : nom masculin qui vient du latin *empyrius* (« embrasé, de feu »). Au sens figuré, c'est le séjour des bienheureux, le monde de l'au-delà. Ici, *atteindre l'empyrée* revient à atteindre le septième ciel, autrement dit l'orgasme.
salle de bains : dans les locutions *salle de bains*, *établissement de bains* et *garçon de bains, bain* est au pluriel.
camée : pierre fine (agate, améthyste, onyx) sculptée en relief. Malgré sa terminaison en *-ée*, ce nom est masculin. Autres exemples : *apogée* I *empyrée* I *lycée* I *musée* I *trophée.*
tout : placé devant un adjectif masculin ou féminin commençant par un *e* ou un *h* muet, l'adverbe *tout* est invariable.
nonchalamment : adverbe de manière. On retrouve le radical de l'adjectif auquel on ajoute *-ment* (« de manière »). Comme le *n* ne peut précéder le *m*, on le change en *m*. Ici : *nonchalant + ment* → *nonchala***mm***ent.*
baldaquin : ouvrage de tapisserie en forme de dais et garni de rideaux, placé au-dessus d'un lit. Le mot vient de l'italien *baldacchino*, une étoffe de soie de la ville de Bagdad (*Baldacco* en italien ancien).
aie : le verbe *avoir* est ici conjugué au subjonctif présent, car il suit la locution *pourvu que*. Aux autres personnes, cela donne : que tu *aies* I qu'il/elle/on *ait* I que nous *ayons* I que vous *ayez* I qu'ils/elles *aient*.
soient : le verbe *être* est ici conjugué au subjonctif présent à la 3e personne du pluriel (le sujet étant *nos prochains ébats*), car il suit la locution *pourvu que*. Aux autres personnes, cela donne : que je *sois* I que tu *sois* I qu'il/elle/on *soit* I que nous *soyons* I que vous *soyez*.
incandescents : rouge vif, d'une chaleur intense, mais aussi plein d'ardeur, d'exaltation. Plusieurs adjectifs des *Dictées coquines* se terminent par *-scent* : *concupiscent* I *effervescent* I *érubescent* I *turgescent*... Cet adjectif s'accorde avec le sujet *nos prochains ébats*, ici placé après le verbe.

TOUT FEU
TOUT FLAMME

Tout feu tout flamme

*
[syksjɔ̃],
[sysjɔ̃]

Philippe faisait courir sa langue agile sur le phallus érigé de Giorgio, effectuant des va-et-vient avec sa main, variant le rythme de succion*, serrant et desserrant ses doigts. Par moments, c'est Giorgio qui prenait le contrôle : il avançait son bassin, s'immisçait dans la bouche de son partenaire, se retirait ensuite. Philippe s'immobilisait alors pour tirer parti de cette irrumation en bonne et due forme. En relation libre avec Giorgio depuis son arrivée dans la caserne deux ans auparavant, il démontrait derechef son savoir-faire. C'était une des pauses olé olé[1] que ce couple hors-norme s'accordait, profitant d'une accalmie entre deux interventions.

La sirène retentit alors : Giorgio, qui était de garde, revêtit aussitôt sa tenue bleu marine sous l'œil concupiscent de Philippe. Il avait gelé la nuit dernière et les Parisiens victimes du verglas étaient légion. Giorgio s'introduisit dans le VSAV pour aller secourir un certain Dimitri, qui souffrait de plusieurs ecchymoses et vraisemblablement d'une fracture du genou. Giorgio fut troublé par les yeux vert amande et les fesses charnues du jeune homme. Il le hissa à l'intérieur du véhicule et resta à ses côtés durant le trajet jusqu'aux urgences. Leurs regards incandescents se croisèrent à maintes reprises. Giorgio attendit que Dimitri sortît de l'hôpital pour le raccompagner chez lui.

Il le porta jusqu'à l'huis de son appartement cossu et l'ouvrit. « J'aimerais que l'on se revoie, Giorgio... » Dimitri lui indiqua la chambre et Giorgio le déposa délicatement sur des draps de percale blanc-gris. Le jeune homme s'accrocha alors au cou de Giorgio et l'attira vers lui. Il parcourut de sa langue les lèvres pulpeuses du bel Italien et massa avec vigueur ses épaules musculeuses. Ils ôtèrent tous deux leurs vêtements. Giorgio, qui ne pouvait masquer son excitation, se mit à mordiller frénétiquement les tétons de Dimitri. Il le retourna ensuite et introduisit sa langue dans son anus humide tout en le masturbant. Les coups de langue furent si experts que l'orgasme arriva rapidement. C'était comme s'ils s'étaient déjà vus auparavant et donné du plaisir…

Quand Giorgio rentra à la caserne, Philippe remarqua instantanément son regard lubrique. Il sut qu'il s'était passé quelque chose, en l'occurrence une partie de jambes en l'air. « La prochaine fois que tu ramènes un jeune homme chez lui, convie-moi ! » Le téléphone vibra dans la poche de Giorgio : *Je ne me résous pas à ne pas finir ce que nous avons commencé, reviens-moi incessamment !*

VARIANTES ET AUTRES ORTHOGRAPHES ACCEPTÉES :
1. ollé ollé.

Tout feu tout flamme

Philippe faisait courir sa langue agile sur le phallus érigé de Giorgio, effectuant des **va-et-vient** avec sa main, variant le rythme de **succion**, serrant et desserrant ses doigts. Par **moments**, c'est Giorgio qui prenait le contrôle : il avançait son bassin, **s'immisçait** dans la bouche de son partenaire, se retirait ensuite. Philippe s'immobilisait alors pour tirer **parti** de cette **irrumation** en **bonne et due forme**. En relation libre avec Giorgio depuis son arrivée dans la caserne deux ans auparavant, il démontrait **derechef** son savoir-faire. C'était une des pauses olé olé que ce couple atypique s'accordait, profitant d'une accalmie entre deux interventions.

La sirène retentit alors : Giorgio, qui était de garde, revêtit aussitôt sa tenue **bleu marine** sous l'œil **concupiscent** de Philippe. Il avait gelé la nuit dernière et les **Parisiens** victimes du verglas étaient **légion**. Giorgio s'introduisit dans le **VSAV** pour aller secourir un certain Dimitri, qui souffrait de plusieurs **ecchymoses** et **vraisemblablement** d'une fracture du genou. Giorgio fut troublé par les yeux **vert amande** et les fesses charnues du jeune homme. Il le hissa à l'intérieur du véhicule et resta à ses côtés durant le trajet jusqu'aux urgences. Leurs regards **incandescents** se croisèrent à maintes reprises. Giorgio attendit que Dimitri **sortît** de l'hôpital pour le raccompagner chez lui.

Il le porta jusqu'à l'huis de son appartement cossu et l'ouvrit. « J'aimerais que l'on se revoie, Giorgio… » Dimitri lui indiqua la chambre et Giorgio le déposa délicatement sur des draps de percale blanc-gris. Le jeune homme s'accrocha alors au cou de Giorgio et l'attira vers lui. Il parcourut de sa langue les lèvres pulpeuses du bel Italien et massa avec vigueur ses épaules musculeuses. Ils ôtèrent tous deux leurs vêtements. Giorgio, qui ne pouvait masquer son excitation, se mit à mordiller frénétiquement les tétons de Dimitri. Il le retourna ensuite et introduisit sa langue dans son anus humide tout en le masturbant. Les coups de langue furent si experts que l'orgasme arriva rapidement. C'est comme s'ils s'étaient déjà vus auparavant et donné du plaisir…

Quand Giorgio rentra à la caserne, Philippe remarqua instantanément son regard lubrique. Il sut qu'il s'était passé quelque chose, en l'occurrence une partie de jambes en l'air. « La prochaine fois que tu ramènes un jeune homme chez lui, convie-moi ! » Le téléphone vibra dans la poche de Giorgio : *Je ne me résous pas à ne pas finir ce que nous avons commencé, reviens-moi incessamment !*

tout feu tout flamme : dans cette expression, les deux occurrences de *tout* sont des adverbes, que l'on pourrait remplacer par *entièrement*. Le feu, la flamme symbolisent la passion.
va-et-vient : les noms composés de deux verbes sont invariables. Le nom composé *va-et-vient* est issu des verbes *aller* et *venir* et s'écrit avec deux traits d'union.
succion : du latin *suctiare*, dérivé de *suctum*, le nom *succion* (« action de sucer ») prend deux « c ».
moments : au pluriel, car il suit *par*, ce qui signifie « à plusieurs moments, à différents moments ».
s'immisçait : vient du latin *miscere* (« mêler »). On écrit *s* + *c* et on ajoute une cédille avant le *a* (ou le *o*) pour conserver le son [s]. Autre exemple : *en s'immisçant.*
parti : dans l'expression *tirer parti*, le nom *parti* est masculin (*tirer* ***le*** *parti*). Même chose dans *prendre parti*, c'est-à-dire *prendre* ***le*** *parti*. En revanche, il est féminin dans *faire partie* (*faire* ***une*** *partie*) et *prendre à partie*.
irrumation : terme employé pour décrire un mouvement de va-et-vient qu'un homme effectue avec son pénis dans la bouche de son ou de sa partenaire.
bonne et due forme : comme il faut. Cette expression désignait au XVIe siècle la manière d'agir selon les règles convenues. On accorde *bonne* et *due* avec *forme*.
derechef : signifie « une seconde fois, encore une fois ». Équivaut à *de nouveau*.
bleu marine / vert amande : les adjectifs de couleur composés sont invariables. Dans *la tenue bleu marine, bleu* ne s'accorde pas avec *tenue*. On pourrait dire que la tenue est d'un bleu qui rappelle celui de la marine (la haute mer). Il en va de même pour les yeux *vert amande*, qui sont d'un vert qui rappelle celui de l'amande.
concupiscent : qui éprouve de la concupiscence, qui est attaché aux plaisirs sensuels. Plusieurs adjectifs des *Dictées coquines* se terminent par *-scent* : *effervescent* **I** *érubescent* **I** *incandescent* **I** *turgescent...*
Parisiens / Italien : *Parisiens* et *Italien* sont ici des noms. Ils prennent donc une majuscule, comme tous les noms d'habitants des villes, des pays, des continents, des planètes, etc.
légion : *être légion* signifie « être nombreux ». Dans cette expression, *légion* est toujours au singulier.
VSAV : sigle signifiant « véhicule de secours et d'assistance aux victimes ».
ecchymoses : nom issu des mots grecs *en* (« dans ») et *khumos* (« liquide, suc »). Les *ecchymoses* sont les bleus (sur la peau, pas à l'âme !).
vraisemblablement : adverbe de manière issu de l'adjectif *vraisemblable*, qui s'écrit avec un seul *s*. Bien que placé entre deux voyelles (ici, un *i* et un *e*), le *s* se prononce [s] et non pas [z]. *Vraisemblable*, tout comme ses dérivés, est donc une exception. Autres exemples : *primesautier* **I** *resaler* **I** *resituer* **I** *resalir* **I** *susurrer* **I** *tournesol.*
incandescents : rouge vif, d'une chaleur intense, mais aussi plein d'ardeur, d'exaltation. Plusieurs adjectifs des *Dictées coquines* se terminent par *-scent* : *effervescent* **I** *érubescent* **I** *concupiscent* **I** *turgescent...*
sortît : le verbe *sortir* est ici conjugué au subjonctif imparfait, car l'action est incertaine (*Giorgio attendit que...*). On utilise ce temps dans des textes au style soutenu. Dans un style courant, on aurait écrit *qu'il sorte*.

Tout feu tout flamme

Philippe faisait courir sa langue agile sur le phallus érigé de Giorgio, effectuant des va-et-vient avec sa main, variant le rythme de succion, serrant et desserrant ses doigts. Par moments, c'est Giorgio qui prenait le contrôle : il avançait son bassin, s'immisçait dans la bouche de son partenaire, se retirait ensuite. Philippe s'immobilisait alors pour tirer parti de cette irrumation en bonne et due forme. En relation libre avec Giorgio depuis son arrivée dans la caserne deux ans auparavant, il démontrait derechef son savoir-faire. C'était une des pauses olé olé que ce couple atypique s'accordait, profitant d'une accalmie entre deux interventions.

La sirène retentit alors : Giorgio, qui était de garde, revêtit aussitôt sa tenue bleu marine sous l'œil concupiscent de Philippe. Il avait gelé la nuit dernière et les Parisiens victimes du verglas étaient légion. Giorgio s'introduisit dans le VSAV pour aller secourir un certain Dimitri, qui souffrait de plusieurs ecchymoses et vraisemblablement d'une fracture du genou. Giorgio fut troublé par les yeux vert amande et les fesses charnues du jeune homme. Il le hissa à l'intérieur du véhicule et resta à ses côtés durant le trajet jusqu'aux urgences. Leurs regards incandescents se croisèrent à maintes reprises. Giorgio attendit que Dimitri sortît de l'hôpital pour le raccompagner chez lui.

Il le porta jusqu'à **l'huis** de son appartement **cossu** et l'ouvrit. « J'aimerais que l'on se **revoie**, Giorgio... » Dimitri lui indiqua la chambre et Giorgio le déposa délicatement sur des draps de **percale blanc-gris**. Le jeune homme s'accrocha alors au cou de Giorgio et l'attira vers lui. Il parcourut de sa langue les lèvres pulpeuses du bel **Italien** et massa avec vigueur ses épaules musculeuses. Ils ôtèrent tous deux leurs vêtements. Giorgio, qui ne pouvait masquer son excitation, se mit à mordiller frénétiquement les **tétons** de Dimitri. Il le retourna ensuite et introduisit sa langue dans son anus humide tout en le masturbant. Les coups de langue furent si experts que l'orgasme arriva rapidement. C'est comme s'ils s'étaient déjà **vus** auparavant et **donné** du plaisir…

Quand Giorgio rentra à la caserne, Philippe remarqua instantanément son regard lubrique. Il sut qu'il s'était passé quelque chose, **en l'occurrence** une partie de jambes en l'air. « La prochaine fois que tu ramènes un jeune homme chez lui, **convie-moi** ! » Le téléphone vibra dans la poche de Giorgio : *Je ne me* ***résous*** *pas à ne pas finir ce que nous avons commencé,* ***reviens-moi incessamment*** *!*

l'huis : hérité de l'ancien français, un *huis* est une porte. On le retrouve dans *huisserie* et *huissier* (littéralement « gardien d'une porte »). Le *h* de *huis* est muet, on écrit donc ***l'****huis* et non *le huis*.
cossu : qui dénote l'aisance, l'opulence.
revoie : *revoir* est ici conjugué au subjonctif présent, car il est question d'un souhait (*J'aimerais que*). Mis à part *être* et *avoir*, les verbes conjugués au subjonctif présent se terminent ainsi au singulier : *-e*, *-es*, *-e*. Exemples : *que je coure /voie /vienne* **I** *que tu coures /voies /viennes* **I** *qu'il, elle, on coure / voie /vienne.*
percale : issu du persan *pargâla* (« toile, lambeau de toile »). Tissu de coton, fin et serré, très doux.
blanc-gris : lorsqu'un adjectif est composé de deux adjectifs de couleur, il est invariable et les deux éléments sont reliés par un trait d'union. Autre exemple : *des lagons bleu-vert.*
tétons : pas d'accent circonflexe, mais un accent aigu sur le *e* de *téton.* Et pour cause, le mot est de la même famille que *tétine* et *téter* et non de celle de *tête* !
vus : si les pronoms *me, te, se*, etc., répondent à la question « quoi ? » ou « qui ? », ils sont compléments d'objet directs (COD) et le participe passé s'accorde avec eux. Ici : *Ils avaient déjà vu qui ? Eux-mêmes (s'). → Ils* ***s'****étaient déjà vu****s****.*
donné : si les pronoms *me, te, se*, etc., répondent à la question « à quoi ? » ou « à qui ? », ils sont compléments d'objet indirects (COI). Or, le participe passé ne s'accorde jamais avec le COI. Ici : *Ils avaient donné du plaisir à qui ? À eux-mêmes (s'). → Ils* ***s'****étaient donn****é*** *du plaisir.*
en l'occurrence : une *occurrence*, qui s'écrit avec deux *c* et deux *r*, est un événement qui se produit d'une manière imprévue. *En l'occurrence* signifie « dans ce cas précis ».
convie-moi / **reviens-moi** : verbes *convier* et *revenir* conjugués à l'impératif présent. À l'impératif, les verbes du 1er groupe ne prennent pas de *s* à la 2e personne du singulier ; les verbes des 2e et 3e groupes conservent leur *s*. De plus, un trait d'union relie le verbe aux pronoms compléments qui le suivent. Autres exemples : *Mets-la-moi !* **I** *Vas-y !*
résous : les verbes qui se terminent par *-indre* (*craindre* **I** *éteindre* **I** *joindre*) et *-soudre* (*résoudre* **I** *dissoudre* **I** *absoudre*) perdent leur *d* au présent de l'indicatif. Ainsi : *je résou****s*** */rejoin****s*** **I** *tu résou****s****/ rejoin****s*** **I** *il, elle, on résou****t*** */rejoin****t****.*
incessamment : adverbe de manière. On retrouve le radical de l'adjectif auquel on ajoute *-ment* (« de manière »). Comme le *n* ne peut précéder le *m*, on le change en *m*. Ici : *incessant + ment → incessa****m****ment.*

PALIMPSESTE AMOUREUX

Palimpseste amoureux

« Intéressant, dit Vincent, parmi les arcanes majeurs que tu as tirés se trouvent le soleil, la lune et l'amoureux. Tu es célibataire ? Cela va changer incessamment. » Juliette était quasi sûre d'avoir déjà vu ce beau jeune homme aux cheveux ébène qui venait d'interpréter son tirage. Ses amis l'avaient prévenue et avaient été dithyrambiques à son sujet. Cette soirée qu'elle pensait être un guet-apens fut contre toute attente un véritable tourbillon de sensations joyeuses. Aucunes pierreries n'égalaient la brillance de ses yeux, son parfum musqué l'enivrait*… Bref, elle se sentait irrésistiblement attirée par lui, presque obnubilée.

* [ãnivʀɛ ; enivʀɛ]

Quelle ne fut pas sa surprise lorsqu'elle trouva quelque temps après dans sa boîte[1] aux lettres un parchemin sur lequel était calligraphiée une nouvelle érotique. Elle lut à voix haute : « Cette gente damoiselle, dont la vénusté m'envoûtait[2], retira diligemment sa fourrure d'hermine et s'approcha de moi en susurrant : 'Je suis toute à vous, faites de moi ce que vous désirez'. Ébaubi par tant de hardiesse, je l'allongeai sur un coffre aux pentures décorées et caressai alors languissamment sa gorge à demi découverte.

Sans la quitter des yeux, je me débarrassai de ma cotte et de mes braies. Mon vit*, à la dureté adamantine, n'avait jamais

* [vi]

été aussi désireux. Après que la jouvencelle eut ôté son chainse et dénatté sa crinière auburn, je m'appliquai à baiser et à suçoter ses mamelons rose tendre, tout en pénétrant son entrecuisse empressé. Toute haletante, elle espérait *in petto* que mes allées et venues la conduisissent à la béatitude. » Cette pénultième phrase était suivie d'une autre : l'auteur invitait sa lectrice à le rejoindre dès le lendemain à l'adresse indiquée. Il serait distinguable, précisait-il, grâce à sa cape et à sa moustache.

Juliette n'appréhenda même pas les quelque sept kilomètres qu'elle avait marché pour arriver au rendez-vous. C'était le vernissage d'un portraitiste contemporain. *De l'époque médiévale au XXIe siècle, quel éclectisme !* pensa-t-elle. Devant un tableau représentant une sorte de mousquetaire se tenait un jeune homme. Elles étaient sur la toile, la cape et la moustache ! Vincent fit volte-face, tout sourire. Les deux jeunes gens se baladèrent parmi les chefs-d'œuvre jusqu'à la fermeture de la galerie. Depuis, nous avons ouï dire qu'ils ont moult fois réécrit[3] et rejoué l'histoire du parchemin…

VARIANTES ET AUTRES ORTHOGRAPHES ACCEPTÉES :
1. boite. **2.** envoutait. **3.** récrit.

Palimpseste amoureux

« **Intéressant**, dit Vincent, parmi les arcanes **majeurs** que tu as **tirés** se trouvent le **soleil**, la **lune** et l'amoureux. Tu es célibataire ? Cela va changer **incessamment**. » Juliette était **quasi** sûre d'avoir déjà vu ce beau jeune homme aux cheveux **ébène** qui venait d'interpréter son tirage. Ses amis l'avaient **prévenue** et avaient été **dithyrambiques** à son sujet. Cette soirée qu'elle pensait être un **guet-apens** fut contre toute attente un véritable tourbillon de sensations joyeuses. **Aucunes** pierreries n'égalaient la brillance de ses yeux, son parfum musqué l'**enivrait**… Bref, elle se sentait irrésistiblement attirée par lui, **presque obnubilée**.

Quelle ne fut pas sa surprise lorsqu'elle trouva **quelque** temps après dans sa boîte (boite) aux lettres un parchemin sur lequel était calligraphiée une nouvelle érotique. Elle lut à voix haute : « Cette **gente** damoiselle, dont la **vénusté** m'envoûtait (m'envoutait), retira **diligemment** sa fourrure d'hermine et s'approcha de moi en **susurrant** 'Je suis **toute** à vous, faites de moi ce que vous désirez'. **Ébaubi** devant tant de hardiesse, je l'allongeai sur un coffre aux pentures décorées et caressai alors languissamment sa gorge à demi découverte.

Sans la quitter des yeux, je me débarrassai de ma cotte et de mes braies. Mon vit, à la dureté adamantine, n'avait jamais été aussi désireux. Après que la jouvencelle eut ôté son chainse et dénatté sa crinière auburn, je m'appliquai à baiser et à suçoter ses mamelons rose tendre, tout en pénétrant son entrecuisse empressé. Toute haletante, elle espérait *in petto* que mes allées et venues la conduisent à la béatitude. » Cette pénultième phrase était suivie d'une autre : l'auteur invitait sa lectrice à le rejoindre dès le lendemain à l'adresse indiquée. Il serait distinguable, précisait-il, grâce à sa cape et à sa moustache.

Juliette n'appréhenda même pas les quelque sept kilomètres qu'elle avait marché pour arriver au rendez-vous. C'était le vernissage d'un portraitiste contemporain. « *De l'époque médiévale au XXIe siècle, quel éclectisme !* » pensa-t-elle. Devant un tableau représentant une sorte de mousquetaire se tenait un jeune homme. Elles étaient sur la toile, la cape et la moustache ! Vincent fit volte-face, tout sourire. Les deux jeunes gens se baladèrent parmi les chefs-d'œuvre jusqu'à la fermeture de la galerie. Depuis, nous avons ouï dire qu'ils ont moult fois réécrit et rejoué l'histoire du parchemin…

intéressant : comme *intérêt* et *intéresser*, l'adjectif *intéressant* ne prend qu'un *r*.
majeurs : s'accorde avec le nom masculin *arcane*, qui désigne une carte du jeu de tarots, étant ici au pluriel.
tirés / **prévenue** : le participe passé s'accorde avec le complément d'objet direct (COD)* si celui-ci est placé avant le verbe. *Le COD répond à la question « quoi ? » ou « qui ? ». Ici : *Tu as tiré quoi ? les arcanes (que).* → *Les arcanes* ***que*** *tu as tir****és***. | *Ses amis avaient prévenu qui ? Juliette (l').* → *Ses amis* ***l'****avaient préven****ue***.
soleil / **lune** : les noms *soleil*, *terre* et *lune* ne s'écrivent avec une majuscule que lorsqu'ils désignent l'astre, la planète ou le satellite lui-même, notamment dans les contextes scientifiques. Ils s'écrivent avec une minuscule dans la langue courante.
incessamment / **diligemment** / **languissamment** : adverbes de manière. On retrouve le radical de l'adjectif auquel on ajoute *-ment* (« de manière »). Comme le *n* ne peut précéder le *m*, on le change en *m*. Ici : *incessant + ment* → *incessa****m****ment* | *diligent + ment* → *dilige****m****ment* | *languissant + ment* → *languissa****m****ment.*
quasi : lorsque *quasi* (« presque, pour ainsi dire ») est un adverbe modifiant un adjectif, un adverbe ou un pronom, il n'y a pas de trait d'union entre les deux mots. Autre exemple : *Il est quasi prêt.* Le trait d'union, lui, n'apparaît que dans les noms composés. Exemple : *un quasi-monopole*.
ébène : les adjectifs de couleur issus d'un nom commun sont en général invariables. D'où *aux cheveux ébène,* c'est-à-dire noirs comme le bois d'ébène.
dithyrambiques : un dithyrambe étant un poème lyrique à la louange de Dionysos, *être dithyrambique* signifie « être élogieux, louer avec emphase ».
guet-apens : piège, machination. Ce nom est de la même famille que les mots *aguet* et *guetter*.
aucunes : les déterminants *aucun* et *aucune* peuvent s'écrire au pluriel lorsqu'ils sont suivis d'un nom qui est toujours au pluriel, comme *frais, arrhes, pierreries, retrouvailles* ou *honoraires*, ou qui a un sens différent au pluriel (*vacance / vacances*). Autres exemples : *aucuns travaux* | *aucunes fiançailles.*
enivrait : ce verbe, qui signifie « rendre ivre », ne prend qu'un *n*, tout comme *enivrant, enivrement.*
presque : l'adverbe *presque* ne s'élide jamais, sauf dans le nom *presqu'île*.
obnubilée : voiler (la vue), comme le ferait un nuage. Vient du latin *ob-* (« en face, à l'encontre ») et *nubes* (« nuages »). Par extension, il signifie « hypnotiser, obséder ».
quelque : lorsque le déterminant *quelque* est suivi d'un nom au singulier (il s'agit *du temps* et non *des temps* ici), il s'écrit sans *s*. Autres exemples : *quelque part* | *quelque chose.*
gente : du latin *genitus* (« né », puis, par extension, « bien né », d'où « noble, beau »). Cet adjectif très ancien, ici au féminin singulier, signifie « gracieux, joli ».
vénusté : du latin *venustas*, c'est la grâce, la beauté, le charme digne de Vénus.
susurrant : avec un *s* et deux *r*. Bien que placé entre deux voyelles (ici, deux *u*), le second *s* se prononce [s] et non [z]. *Susurrer* est donc une exception, tout comme *vraisemblable* et ses dérivés, ou encore *primesautier, resaler, resituer, resalir, tournesol.*
toute : ah, ce *tout*, il nous donne du fil à retordre ! Lorsqu'il signifie « entièrement », il est invariable devant un adjectif commençant par une voyelle (*elle est tout excitée*). Cependant, lorsqu'il s'agit d'une déclaration d'amour passionnée, on écrit *toute à* pour signifier « qui appartient à ».
ébaubi : qui est surpris au point de bégayer, de ne pouvoir s'exprimer, et, spécialement, frappé d'une stupeur admirative.

Palimpseste amoureux

« Intéressant, dit Vincent, parmi les arcanes majeurs que tu as tirés se trouvent le soleil, la lune et l'amoureux. Tu es célibataire ? Cela va changer incessamment. » Juliette était quasi sûre d'avoir déjà vu ce beau jeune homme aux cheveux ébène qui venait d'interpréter son tirage. Ses amis l'avaient prévenue et avaient été dithyrambiques à son sujet. Cette soirée qu'elle pensait être un guet-apens fut contre toute attente un véritable tourbillon de sensations joyeuses. Aucunes pierreries n'égalaient la brillance de ses yeux, son parfum musqué l'enivrait… Bref, elle se sentait irrésistiblement attirée par lui, presque obnubilée.

Quelle ne fut pas sa surprise lorsqu'elle trouva quelque temps après dans sa boîte (boite) aux lettres un parchemin sur lequel était calligraphiée une nouvelle érotique. Elle lut à voix haute : « Cette gente damoiselle, dont la vénusté m'envoûtait (m'envoutait), retira diligemment sa fourrure d'hermine et s'approcha de moi en susurrant 'Je suis toute à vous, faites de moi ce que vous désirez'. Ébaubi devant tant de hardiesse, je l'**allongeai** sur un coffre aux **pentures** décorées et **caressai** alors **languissamment** sa gorge **à demi** découverte.

Sans la quitter des yeux, je me **débarrassai** de ma **cotte** et de mes **braies**. Mon **vit**, à la dureté **adamantine**, n'avait jamais été aussi désireux. Après que la jouvencelle **eut ôté** son **chainse** et dénatté sa crinière **auburn**, je m'**appliquai** à baiser et à suçoter ses mamelons **rose tendre**, tout en pénétrant son entrecuisse **empressé**. **Toute** haletante, elle espérait ***in petto*** que mes allées et venues la conduisent à la béatitude. » Cette **pénultième** phrase était suivie d'une autre : l'auteur invitait sa lectrice à le rejoindre dès le lendemain à l'adresse indiquée. Il serait **distinguable**, précisait-il, grâce à sa cape et à sa moustache.

Juliette n'appréhenda même pas les **quelque** sept kilomètres qu'elle avait **marché** pour arriver au rendez-vous. C'était le vernissage d'un portraitiste contemporain. « *De l'époque médiévale au XXIe siècle, quel éclectisme !* » pensa-t-elle. Devant un tableau représentant une sorte de mousquetaire se tenait un jeune homme. Elles étaient sur la toile, la cape et la moustache ! Vincent fit volte-face, tout sourire. Les deux jeunes gens se baladèrent parmi les **chefs-d'œuvre** jusqu'à la fermeture de la galerie. Depuis, nous avons **ouï dire** qu'ils ont **moult** fois réécrit et rejoué l'histoire du parchemin…

allongeai / caressai / débarrassai / appliquai : ces quatre verbes sont conjugués au passé simple, car ils décrivent une action de courte durée, par contraste avec l'imparfait qui s'utilise pour une action qui se poursuit ou qui se répète.

pentures : bandes de fer (autrement appelées *ferrures*) que l'on trouve sur une porte ou un volet.

à demi : *demi* est toujours invariable dans la locution *à demi*. Autres exemples : *Elle était à demi nue, les jambes à demi ouvertes.*

cotte : tunique d'homme ou de femme. On parle couramment de la *cotte de mailles* (l'armure défensive).

braies : (employé au pluriel) pantalon ample, en usage chez les Gaulois et les peuples germaniques.

vit : terme ancien qui désigne le pénis. Il vient du latin *vectis* (« levier, barre »).

adamantine : éclatant, brillant comme un diamant, adjectif ici au féminin.

eut ôté : le verbe *ôter* est ici au passé antérieur, temps de l'indicatif, car il suit la locution *après que*. Astuce : pour déterminer quel temps utiliser, remplacez *après que* par *dès que* → *dès qu'elle* ***a/eut*** *ôté* → *après qu'elle a/eut ôté.*

chainse : tunique de toile fine portée surtout comme vêtement de dessous au Moyen Âge.

auburn : les adjectifs de couleur issus d'un nom commun sont en général invariables, d'où *sa crinière auburn*, c'est-à-dire de la couleur de l'auburn (châtain roux aux reflets cuivrés).

rose tendre : les adjectifs de couleur composés sont invariables. Dans *ses mamelons rose tendre*, ni *rose* ni *tendre* ne s'accordent avec *mamelons*. On pourrait dire que les mamelons sont d'un rose qui est tendre.

empressé : s'accorde avec le nom masculin *entrejambe*.

toute : placé devant un adjectif féminin commençant par une consonne ou un *h* aspiré, qui interdit la liaison et l'élision (***le*** *halètement* et non *l'halètement*), l'adverbe *tout* s'accorde en genre et en nombre avec l'adjectif qu'il précède. Autres exemples : *toute honteuse* **|** *toute contente.*

in petto : locution adverbiale issue de l'italien (« dans la poitrine ») qui signifie « sans que cela ne soit proclamé », donc en secret.

pénultième : du latin *pæne (*« presque ») et *ultimus* (« dernier »), cet adjectif signifie « avant-dernier ». Et antépénultième ? « Qui précède l'avant-dernier », tout simplement !

distinguable : tous les adjectifs en *-gable* s'écrivent sans le *u* du verbe dont ils sont issus (*fatigable, navigable...*), sauf *distinguable* qui souhaite certainement... se distinguer !

quelque : lorsque *quelque* est synonyme d'*environ,* il devient adverbe et s'écrit toujours au singulier. Ici : *quelque sept kilomètres = environ sept kilomètres.*

marché : les participes passés de certains verbes intransitifs ou neutres demeurent invariables. En effet, ils sont complétés par un complément circonstanciel (de temps, de prix, de quantité, etc.) et non par un COD. Ici : *Elle a marché* **combien** *(de kilomètres)* (et non *quoi*) *? Quelque sept kilomètres.* → *Les quelque sept kilomètres qu'elle a marché.*

chefs-d'œuvre : lorsqu'un nom est composé d'un nom commun, d'une préposition puis d'un autre nom commun, seul le premier nom prend la marque du pluriel. Autres exemples : *des arcs-en-ciel* **|** *des nids-de-poule.*

ouï dire : *ouïr* signifiant « entendre », *ouïr dire* signifie, en toute logique, « entendre dire ». On ne met un trait d'union entre *ouï* et *dire* que dans le nom composé un *ouï-dire* (même sens qu'un *on-dit*).

moult : adverbe ancien signifiant « beaucoup, très ». Il est invariable.

L'ART DÉLICAT DU PLANTER DE BÂTON

L'art délicat du planter de bâton

Maxence n'était pas, tant s'en faut, un crack en ski. La dernière fois qu'il avait pratiqué la poudreuse, il était prépubère. L'expérience s'était soldée par une dent et un genou cassés. Il se garda bien de le dire à ses collègues, skieurs patentés, lesquels avaient planifié une virée dans une station alpine huppée. Ce jeudi 18 janvier, Maxence, arborant des lunettes jaune fluo, était près d'attaquer la pente. Après dix mètres de descente sans encombre, il s'emmêla les spatules et chuta sous les quolibets de ses camarades. Plus de peur que de mal : quelques ecchymoses çà et là.

Blessé dans son amour-propre, il s'inscrivit sur-le-champ à un cours de ski. Le lendemain, dès potron-minet, il rejoignit sa monitrice, une certaine Noémie. Maxence fut hypnotisé par le sourire immaculé de la jeune femme contrastant avec son teint métissé et ses yeux gris-vert, tandis que son corps athlétique se dessinait dans une combinaison fuchsia. Maxence l'aurait suivie jusqu'au bout des pistes, même les plus ardues ! L'apprenti skieur ne cessa de progresser : à la fin de la journée, il réussissait de beaux virages coupés en s'appuyant sur les carres de ses skis. Noémie proposa à Maxence une pause bien méritée.

* [pwal]

Ils s'installèrent tous deux près du poêle* d'un bar d'altitude. Noémie interpella[1] le serveur pour passer commande. Celui-ci leur apporta du vin chaud qui exhalait une délicieuse odeur de cannelle. Ils s'étaient souri toute la journée, et ils étaient assis là, côte à côte, profitant chacun des effluves subtils dégagés par la peau enfin découverte de l'autre. Les yeux bleu marine de Maxence, naviguant fervemment du cou de Noémie à ses boucles brunes en passant par sa bouche, commençaient à perturber la jeune femme. Elle se leva précipitamment (pour masquer sa gêne ?) et se dirigea vers les toilettes. Il la suivit de près.

Elle avait les mains sous l'eau chaude quand il apparut derrière elle. Elle se retourna et un long baiser passionné s'ensuivit. Les langues s'entremêlaient. La température augmentait. Il glissa sa main dans le pantalon de la belle monitrice, puis dans sa culotte soyeuse et sentit la cyprine couler sur ses doigts. Le sexe de Noémie vibrait sous les doigts agiles de Maxence dont le membre turgescent venait se frotter contre sa cuisse. Ils avaient le souffle court et ne purent retenir plus longtemps l'orgasme qui vint les cueillir. On frappait à la porte, il fallait se ressaisir*. Ils se reverraient pour un nouveau cours le lendemain...

* [ʀəseziʀ]

VARIANTES ET AUTRES ORTHOGRAPHES ACCEPTÉES :
1. interpela.

L'art délicat du planter de bâton

Maxence n'était pas, **tant s'en faut**, un **crack** en ski. La dernière fois qu'il avait pratiqué la poudreuse, il était prépubère. L'expérience s'était soldée par une dent et un genou **cassés**. Il se garda bien de le dire à ses collègues, skieurs **patentés**, lesquels avaient planifié une virée dans une station alpine huppée. Ce jeudi 18 janvier, Maxence, arborant des lunettes **jaune fluo**, était **près** d'attaquer la pente. Après dix mètres de descente **sans encombre**, il s'emmêla les spatules et chuta sous les quolibets de ses camarades. Plus de peur que de mal : quelques ecchymoses **çà et là**.

Blessé dans son **amour-propre**, il s'inscrivit **sur-le-champ** à un cours de ski. Le lendemain, **dès potron-minet**, il rejoignit sa monitrice, une certaine Noémie. Maxence fut hypnotisé par le sourire immaculé de la jeune femme contrastant avec son teint métissé et ses yeux **gris-vert**, tandis que son corps athlétique se dessinait dans une combinaison **fuchsia**. Maxence l'aurait suivie jusqu'au bout des pistes, même les plus ardues ! L'**apprenti skieur** ne cessa de progresser : à la fin de la journée, il réussissait, en s'appuyant sur les **carres** de ses skis, de beaux virages coupés. Noémie proposa à Maxence une **pause** bien méritée.

Ils s'installèrent tous deux près du poêle d'un bar d'altitude. Noémie interpella le serveur pour passer commande. Celui-ci leur apporta du vin chaud qui exhalait une délicieuse odeur de cannelle. Ils s'étaient souri toute la journée, et ils étaient assis là, côte à côte, profitant chacun des effluves subtils dégagés par la peau enfin découverte de l'autre. Les yeux bleu marine de Maxence, naviguant fervemment du cou de Noémie à ses boucles brunes en passant par sa bouche, commençaient à perturber la jeune femme. Elle se leva précipitamment (pour masquer sa gêne ?) et se dirigea vers les toilettes. Il la suivit de près.

Elle avait les mains sous l'eau chaude quand il apparut derrière elle. Elle se retourna et un long baiser passionné s'ensuivit. Les langues s'entremêlaient. La température augmentait. Il glissa sa main dans le pantalon de la belle monitrice, puis dans sa culotte soyeuse et sentit la cyprine couler sur ses doigts. Le sexe de Noémie vibrait sous les doigts agiles de Maxence dont le membre turgescent venait se frotter contre sa cuisse. Ils avaient le souffle court, et ne purent retenir plus longtemps l'orgasme qui vint les cueillir. On frappait à la porte, il fallait se ressaisir. Ils se reverraient pour un nouveau cours le lendemain…

tant s'en faut : cette expression permet de souligner un écart, une différence en nombre, en quantité. Pour repousser une affirmation, on emploiera plutôt *loin de là*. Attention, *loin s'en faut*, obtenu par télescopage des deux locutions précédentes, est fautif.
crack : personne qui se distingue par sa compétence dans une spécialité. On pourrait dire *un as*. Le crack est aussi un dérivé de la cocaïne. Il a pour homophones courants : un *krach* (un effondrement de la Bourse), une *craque* (un mensonge), *crac* (le bruit que fait une chose en se brisant).
cassés : cet adjectif s'accorde avec *une dent* et *un genou*, donc au masculin pluriel.
patentés : l'adjectif *patenté* signifie « connu comme tel ». Ici, il s'accorde avec *skieurs*, donc au masculin pluriel.
jaune fluo : les adjectifs de couleur composés sont invariables. Dans *des lunettes jaune fluo*, ni *jaune* ni *fluo* ne s'accordent avec *lunettes*.
près : dans la locution *près de*, qui signifie « sur le point de », c'est l'adverbe *près* (synonyme de *proche*) qui est employé. Cette expression est à distinguer de *prêt à* (« disposé à »).
sans encombre : dans cette locution, qui signifie « sans accident, sans difficulté », *encombre* est au singulier.
çà et là : signifie « ici et là ». C'est la seule expression courante où *çà* est adverbe de lieu (et non pronom) et prend un accent grave. Anciennement, on l'employait dans la locution *venez çà*, c'est-à-dire « venez ici ».
amour-propre : mot composé dont les deux noms, *amour* et *propre*, sont liés par un trait d'union. Sans celui-ci, nous aurions affaire à un amour qui est « propre », alors qu'il s'agit bien du sentiment qu'on a de sa propre valeur, de sa dignité.
sur-le-champ : locution adverbiale qui signifie « immédiatement, tout de suite ». Sans les deux traits d'union, nous nous retrouvons sur un champ (de fleurs ?). Notez que le nom *champ* s'écrit sans *s* au singulier.
dès potron-minet : désigne le moment où le *minet* (le chat) montre son *potron* (du latin *posterio*, « derrière ») parce qu'il se lève et s'étire, c'est-à-dire au lever du jour, au petit matin. Il s'agit de la version citadine de l'expression rurale *dès potron-jaquet*, où *jaquet* est l'ancien nom de l'écureuil.
gris-vert : lorsqu'un adjectif est composé de deux adjectifs de couleur, il est invariable et les deux éléments sont reliés par un trait d'union.
fuchsia : nom créé en l'honneur de Leonhart Fuchs, botaniste bavarois du XVIe siècle. Le fuchsia est un arbrisseau d'origine exotique aux fleurs pourpres. En tant qu'adjectif de couleur tiré d'un nom commun, il est invariable.
apprenti skieur : pas de trait d'union entre ces deux termes. Autres exemples : *un apprenti boulanger* / *un apprenti sorcier.*
carres : arêtes métalliques des skis, situées de chaque côté de la face du ski en contact avec la neige, la semelle.
pause : interruption momentanée d'une activité. À ne pas confondre avec son homophone *pose*, qui prend un *o*, comme dans *photo* ou *objectif*.

L'art délicat du planter de bâton

Maxence n'était pas, tant s'en faut, un crack en ski. La dernière fois qu'il avait pratiqué la poudreuse, il était prépubère. L'expérience s'était soldée par une dent et un genou cassés. Il se garda bien de le dire à ses collègues, skieurs patentés, lesquels avaient planifié une virée dans une station alpine huppée. Ce jeudi 18 janvier, Maxence, arborant des lunettes jaune fluo, était près d'attaquer la pente. Après dix mètres de descente sans encombre, il s'emmêla les spatules et chuta sous les quolibets de ses camarades. Plus de peur que de mal : quelques ecchymoses çà et là.

Blessé dans son amour-propre, il s'inscrivit sur-le-champ à un cours de ski. Le lendemain, dès potron-minet, il rejoignit sa monitrice, une certaine Noémie. Maxence fut hypnotisé par le sourire immaculé de la jeune femme contrastant avec son teint métissé et ses yeux gris-vert, tandis que son corps athlétique se dessinait dans une combinaison fuchsia. Maxence l'aurait suivie jusqu'au bout des pistes, même les plus ardues ! L'apprenti skieur ne cessa de progresser : à la fin de la journée, il réussissait, en s'appuyant sur les carres de ses skis, de beaux virages coupés. Noémie proposa à Maxence une pause bien méritée.

Ils s'installèrent tous deux près du **poêle** d'un bar d'altitude. Noémie interpella le serveur pour passer commande. Celui-ci leur apporta du vin chaud qui **exhalait** une délicieuse odeur de cannelle. Ils s'étaient **souri** toute la journée, et ils étaient assis là, côte à côte, profitant chacun des effluves **subtils dégagés** par la peau enfin découverte de l'autre. Les yeux **bleu marine** de Maxence, **naviguant fervemment** du cou de Noémie à ses boucles brunes en passant par sa bouche, commençaient à perturber la jeune femme. Elle se leva **précipitamment** (pour masquer sa **gêne** ?) et se dirigea vers les toilettes. Il la suivit de près.

Elle avait les mains sous l'eau chaude quand il apparut derrière elle. Elle se retourna et un long baiser passionné **s'ensuivit**. Les langues s'entremêlaient. La température augmentait. Il glissa sa main dans le pantalon de la belle monitrice, puis dans sa culotte soyeuse et sentit la **cyprine** couler sur ses doigts. Le sexe de Noémie vibrait sous les doigts agiles de Maxence dont le membre **turgescent** venait se frotter contre sa cuisse. Ils avaient le souffle court, et ne purent retenir plus longtemps l'orgasme qui vint les **cueillir**. On frappait à la porte, il fallait se **ressaisir**. Ils se reverraient pour un nouveau cours le lendemain...

poêle : qu'il s'agisse de l'ustensile ou de la chaudière, on écrit *poêle* avec un accent circonflexe sur le *e* et non un tréma !
exhalait : verbe composé du préfixe *ex-* et du verbe latin *halare* (« souffler »), d'où le *h* après le *x*. Il signifie « laisser s'échapper, émettre ».
souri : si les pronoms *me, te, se,* etc., répondent à la question « à quoi ? » ou « à qui ? », ils sont compléments d'objet indirects (COI). Or, le participe passé ne s'accorde jamais avec le COI. Ici : *Ils avaient souri à qui ? À eux-mêmes (s'). → Ils **s'**étaient sour**i**.*
subtils / dégagés : les adjectifs *subtil* et *dégagé s'accordent* avec le nom masculin *effluves*, ici au pluriel.
bleu marine : les adjectifs de couleur composés sont invariables. Dans *les yeux bleu marine*, *bleu* ne s'accorde pas avec *yeux*. On pourrait dire que les yeux sont d'un bleu qui rappelle la marine.
naviguant : il s'agit ici du participe présent du verbe *naviguer*. En effet, *(en) naviguant* signifie « qui navigue, en train de naviguer ». Le participe présent garde son *u*. En revanche, l'adjectif correspondant s'écrit *navigant*. Exemple : *le personnel navigant.*
fervemment / précipitamment : adverbes de manière. On retrouve le radical de l'adjectif auquel on ajoute *-ment* (« de manière »). Comme le *n* ne peut précéder le *m*, on le change en *m*. Ici : *fervent + ment → ferve**m**ment* | *précipitant + ment → précipita**m**ment.*
gêne : avec un accent circonflexe sur le *e*. Ce mot est issu du vieux français *géhenne* (« torture »). On le distingue du *gène*, le segment d'ADN, terme créé en 1909 par le biologiste Johannsen.
s'ensuivit : verbe pronominal venant de *suivre*, qui s'écrit en un seul mot. Attention aux temps composés : *il, elle s'est ensuivi(e)* | *ils, elles se sont ensuivi(e)s.*
cyprine : liquide sécrété par le vagin en phase d'excitation. Le mot vient de Cypris, surnom de la déesse Aphrodite. Dans la langue populaire, on parle de *mouille*.
turgescent : la turgescence est l'augmentation de volume d'un organe, notamment par rétention de sang veineux. *Turgescent* signifie donc « gonflé, enflé ».
cueillir : dans les graphies *-cueil* et *-gueil*, le *e* et le *u* s'inversent pour que l'on prononce [k] et [g]. Autres exemples : *acc**ue**il* | *org**ue**il.*
ressaisir : pour marquer la répétition d'une action exprimée par un verbe commençant par un *s* suivi d'une voyelle, on ajoute le préfixe *re-* en doublant normalement le *s* qui suit pour obtenir le son [s]. Autres exemples : *semer → ressemer* | *sortir → ressortir.* Quelques verbes comme *resaler, resalir, resituer* échappent à la règle.

SYMPHONIE ÉROTIQUE

Symphonie érotique

Après que Mélodie eut extrait diligemment son objet fétiche de son étui, qu'elle l'eut frotté entre ses mains pour le réchauffer, elle le glissa entre ses cuisses, puis sortit son tube de lubrifiant et son écouvillon en soie. Les va-et-vient de celui-ci permirent de nettoyer l'instrument en profondeur. Une fois le rituel accompli, elle porta à ses lèvres préalablement humectées l'anche double de son hautbois* d'amour. Se mit alors à résonner, dans l'appartement laissé sens* dessus dessous après une nuit torride passée entre deux amants, *Héroïque*, la troisième[1] symphonie de Beethoven.

La fougueuse hautboïste venait d'intégrer l'orchestre dirigé par le fringant sexagénaire Jean Antonov, un chef brillant à l'oreille absolue qu'elle admirait depuis nombre d'années. Ils s'étaient pour l'instant peu parlé, ce qu'elle regrettait. Une semaine avant le concert, alors qu'elle arrivait tout essoufflée à la répétition, elle remarqua parmi les quelque quatre-vingts[2] musiciens un violoniste qui lui lançait des œillades concupiscentes. Quelque temps après, le ménétrier glissait sa langue agile dans son entrecuisse inondé de cyprine, derrière l'huis refermé des toilettes du bar à cocktails qui jouxtait le lieu de répétition. Il était presque une heure du matin lorsqu'elle sortit du bar. Elle croisa Jean. Un trouble naquit.

Les lueurs matutinales et une céphalée lancinante tirèrent Mélodie de son sommeil. Sans surprise, elle avait rêvé de Jean : son regard exalté, quasi mystique, l'ondoiement de ses cheveux poivre et sel, sa baguette altière guidant *legatos*[3] et *staccatos*... Arrivée au pavillon Mozart, elle trouva Jean dans les coulisses. Elle s'avança *pianissimo*, feignant de vouloir ajuster son nœud papillon. Leurs respirations anhélantes se mêlèrent, le baiser devint inéluctable. Sans aucune anacrouse, Jean saisit la croupe de la jeune femme pour la hisser sur la table, face au miroir. Mélodie le débraguetta et, après avoir pris les précautions d'usage, Jean la pénétra intensément.

Le front suant et les joues érubescentes, ils regagnèrent la scène. Pendant le concert, Mélodie ne quitta pas des yeux son maestro, encore plus affriolant qu'à l'accoutumée, et livra une prestation remarquée. D'aucuns racontent l'avoir vue quitter le concert en compagnie d'une spectatrice. Le début d'une nouvelle idylle ? Avec l'insatiable Mélodie, difficile de suivre la cadence...

VARIANTES ET AUTRES ORTHOGRAPHES ACCEPTÉES :
1. 3e. **2.** 80. **3.** légatos.

Symphonie érotique

Après que Mélodie **eut extrait diligemment** son objet fétiche de son étui, qu'elle l'**eut frotté** entre ses mains pour le réchauffer, elle le glissa entre ses cuisses, puis sortit son tube de lubrifiant et son **écouvillon** en soie. Les **va-et-vient** de celui-ci permirent de nettoyer l'instrument en profondeur. Une fois le rituel accompli, elle porta à ses lèvres préalablement humectées l'**anche** double de son **hautbois** d'amour. Se mit alors à **résonner**, dans l'appartement laissé **sens dessus dessous** après une nuit torride passée entre deux amants, *Héroïque*, la **3e** symphonie de Beethoven.

La fougueuse **hautboïste** venait d'intégrer l'orchestre dirigé par le **fringant** sexagénaire Jean Antonov, un chef brillant à l'oreille absolue qu'elle admirait depuis **nombre** d'années. Ils s'étaient pour l'instant peu **parlé**, ce qu'elle regrettait. Une semaine avant le concert, alors qu'elle arrivait **tout** essoufflée à la répétition, elle remarqua **parmi** les **quelque quatre-vingts** musiciens un violoniste qui lui lançait des œillades **concupiscentes**. **Quelque** temps après, le ménétrier glissait sa langue agile dans son entrecuisse inondé de cyprine, derrière l'huis refermé des toilettes du bar à cocktails qui jouxtait le lieu de répétition. Il était presque une heure du matin lorsqu'elle sortit du bar. Elle croisa Jean. Un trouble naquit.

Les lueurs matutinales et une céphalée lancinante tirèrent Mélodie de son sommeil. Sans surprise, elle avait rêvé de Jean : son regard exalté, quasi mystique, l'ondoiement de ses cheveux poivre et sel, sa baguette altière guidant *legatos* et *staccatos*... Arrivée au pavillon Mozart, elle trouva Jean dans les coulisses. Elle s'avança *pianissimo*, feignant de vouloir ajuster son nœud papillon. Leurs respirations anhélantes se mêlèrent, le baiser devint inéluctable. Sans aucune anacrouse, Jean saisit la croupe de la jeune femme pour la hisser sur la table, face au miroir. Mélodie le débraguetta et, après avoir pris les précautions d'usage, Jean la pénétra intensément.

Le front suant et les joues érubescentes, ils regagnèrent la scène. Pendant le concert, Mélodie ne quitta pas des yeux son maestro, encore plus affriolant qu'à l'accoutumée, et livra une prestation remarquée. D'aucuns racontent l'avoir vue quitter le concert en compagnie d'une spectatrice. Le début d'une nouvelle idylle ? Avec l'insatiable Mélodie, difficile de suivre la cadence...

eut extrait / eut frotté : les verbes *extraire* et *frotter* sont ici au passé antérieur, temps de l'indicatif, car ils suivent la locution *après que*. Astuce : pour déterminer quel temps utiliser, remplacez *après que* par *dès que* → *dès qu'elle* ***a/eut*** *extrait* → *après qu'elle* ***a/eut*** *extrait.*

diligemment : adverbe de manière signifiant « avec diligence, soin, application ». On retrouve le radical de l'adjectif auquel on ajoute *-ment* (« de manière »). Comme le *n* ne peut précéder le *m*, on le change en *m*. Ici : *diligent + ment* → *dilige**m**ment.*

écouvillon : brosse cylindrique à manche servant à nettoyer. On dit aussi *goupillon*.

va-et-vient : les noms composés de deux verbes sont invariables. Le nom composé *va-et-vient* est issu des verbes *aller* et *venir* et s'écrit avec deux traits d'union.

anche : aucun lien avec la hanche du corps humain ! Il s'agit ici de la languette de roseau, de bois ou de métal, dont les vibrations produisent le son dans les instruments à vent.

hautbois / hautboïste : ces noms s'écrivent avec un t et commencent par un *h* aspiré, qui interdit la liaison (le hautbois, le ou la hautboïste). Le *hautbois d'amour* est une variété de hautbois au pavillon piriforme, c'est-à-dire en forme de poire, qui sonne une tierce plus bas.

résonner : ce verbe s'écrit avec un *é* après le *r*, comme dans *écho* ! Attention à ne pas le confondre avec son homophone *raisonner*, qui signifie « faire usage de sa raison, de sa capacité de réflexion ».

sens dessus dessous : c'est bien le nom *sens* et non la préposition *sans* qui entre dans cette expression signifiant « dans un profond désordre ». Au fil des siècles, elle a fait l'objet de nombreuses évolutions : *ce dessus dessous*, puis *cen dessus dessous*, puis *sans dessus dessous* et finalement *sens dessus dessous*... enfin, jusqu'à nouvel ordre !

3e : abréviation de *troisième*, selon les règles d'orthotypographie. Autres abréviations : premier (1er), première (1re), deuxième (2e), deuxièmes (2es), second (2^{d}) et seconde (2de).

fringant : cet adjectif, issu du vieux verbe *fringuer* (« gambader »), qualifie une personne vive, pétulante, d'une élégance coquette et un peu provocante. On le dit souvent d'une personne âgée.

nombre : quand ils ne sont pas précédés d'un article, les collectifs *force*, *nombre* et *quantité* ont le sens de « beaucoup », « un grand nombre ». Ils restent au singulier, même si le verbe qui suit est au pluriel.

parlé : si les pronoms *me, te, se,* etc., répondent à la question « à quoi ? » ou « à qui ? », ils sont compléments d'objet indirects (COI). Or, le participe passé ne s'accorde jamais avec le COI. Ici : *Ils avaient peu parlé à qui ? À eux-mêmes (s').* → *Ils* ***s'****étaient peu parl****é****.*

tout : placé devant un adjectif masculin ou un adjectif féminin commençant par un *e* ou un *h* muet, l'adverbe *tout* est invariable.

parmi : vient du latin *per* (« à travers ») et de *mi* (« milieu »). Aucune raison de l'écrire avec un s, contrairement à *hormis*, qui est composé des mots *hors* et *mis*, le participe passé de *mettre*.

quelque : lorsque *quelque* est synonyme d'*environ*, il devient adverbe et s'écrit toujours au singulier. Ici : *quelque quatre-vingts musiciens = environ quatre-vingts musiciens.*

quatre-vingts : les adjectifs numéraux *cent* et *vingt* ne portent la marque du pluriel que lorsqu'ils sont multipliés et qu'ils sont les derniers adjectifs du nombre. Autres exemples : *quatre-vingt**s** millions* **I** *deux cent**s** milliers* ; mais *quatre-vingt-trois* **I** *deux cent huit.*

concupiscentes : *concupiscent* signifie « qui est attaché aux plaisirs sensuels ». Ici, l'adjectif s'accorde avec *œillades*, au féminin pluriel. Plusieurs adjectifs des *Dictées coquines* se terminent par *-scent* : *effervescent* **I** *érubescent* **I** *incandescent* **I** *turgescent...*

quelque : lorsque le déterminant *quelque* est suivi d'un nom au singulier, il s'écrit sans *s*. Autres exemples : *quelque part* **I** *quelque chose.*

Symphonie érotique

Après que Mélodie eut extrait diligemment son objet fétiche de son étui, qu'elle l'eut frotté entre ses mains pour le réchauffer, elle le glissa entre ses cuisses, puis sortit son tube de lubrifiant et son écouvillon en soie. Les va-et-vient de celui-ci permirent de nettoyer l'instrument en profondeur. Une fois le rituel accompli, elle porta à ses lèvres préalablement humectées l'anche double de son hautbois d'amour. Se mit alors à résonner, dans l'appartement laissé sens dessus dessous après une nuit torride passée entre deux amants, *Héroïque*, la 3e symphonie de Beethoven.

La fougueuse hautboïste venait d'intégrer l'orchestre dirigé par le fringant sexagénaire Jean Antonov, un chef brillant à l'oreille absolue qu'elle admirait depuis nombre d'années. Ils s'étaient pour l'instant peu parlé, ce qu'elle regrettait. Une semaine avant le concert, alors qu'elle arrivait tout essoufflée à la répétition, elle remarqua parmi les quelque quatre-vingts musiciens un violoniste qui lui lançait des œillades concupiscentes. Quelque temps après, le ménétrier glissait sa langue agile dans son entrecuisse **inondé** de **cyprine**, derrière **l'huis** refermé des toilettes du bar à cocktails qui jouxtait le lieu de répétition. Il était **presque** une heure du matin lorsqu'elle sortit du bar. Elle croisa Jean. Un trouble naquit.

Les lueurs **matutinales** et une **céphalée** lancinante tirèrent Mélodie de son sommeil. Sans surprise, elle avait rêvé de Jean : son regard exalté, **quasi** mystique, l'ondoiement de ses cheveux **poivre et sel**, sa baguette altière guidant ***legatos*** et ***staccatos***... Arrivée au pavillon Mozart, elle trouva Jean dans les coulisses. Elle s'avança ***pianissimo***, **feignant** de vouloir ajuster son nœud papillon. Leurs respirations **anhélantes** se mêlèrent, le baiser devint inéluctable. Sans aucune **anacrouse**, Jean saisit la croupe de la jeune femme pour la hisser sur la table, face au miroir. Mélodie le **débraguetta** et, après avoir pris les précautions d'usage, Jean la pénétra intensément.

Le front suant et les joues **érubescentes**, ils regagnèrent la scène. Pendant le concert, Mélodie ne quitta pas des yeux son **maestro**, encore plus affriolant qu'à l'accoutumée, et livra une prestation remarquée. **D'aucuns** racontent l'avoir **vue** quitter le concert en compagnie d'une spectatrice. Le début d'une nouvelle idylle ? Avec l'insatiable Mélodie, difficile de suivre la cadence...

inondé : s'accorde ici avec *entrecuisse* qui, comme *entrejambe,* est un nom masculin.
cyprine : liquide sécrété par le vagin en phase d'excitation. Le mot vient de Cypris, surnom de la déesse Aphrodite. Dans la langue populaire, on parle de *mouille*.
l'huis : hérité de l'ancien français, un *huis* est une porte. On le retrouve dans *huisserie* et *huissier* (littéralement « gardien d'une porte »). Le *h* de *huis* est muet, on écrit donc ***l'****huis* et non *le huis*.
presque : l'adverbe *presque* ne s'élide jamais, sauf dans le nom *presqu'île*.
matutinales : l'adjectif littéraire *matutinal* signifie « qui appartient au matin ». Il correspond au plus courant *matinal*.
céphalée : nom féminin d'origine grecque désignant toute douleur de la tête, quelle que soit sa cause.
quasi : lorsque *quasi* (« presque, pour ainsi dire ») est un adverbe modifiant un adjectif, un adverbe ou un pronom, il n'y a pas de trait d'union entre les deux mots. Autre exemple : *Il est quasi prêt.* Le trait d'union, lui, n'apparaît que dans les noms composés. Exemple : *un quasi-monopole*.
poivre et sel : ici employés comme un adjectif de couleur composé, les deux noms *poivre* et *sel* restent invariables.
legatos / staccatos : en musique, le phrasé est la manière dont on articule le morceau. Il peut être *legato* (lié) : on glisse alors d'une note à l'autre sans interruption, comme si elles étaient « coulées ». Ou bien il est *staccato* : les notes sont piquées.
pianissimo : de l'italien *pianissimo*, superlatif de *piano* (« doucement »). Musicalement, il prescrit de diminuer beaucoup l'intensité sonore. Au sens large, ce qui est fait *pianissimo* l'est tout doucement, très lentement.
feignant : le participe présent du verbe *feindre* (« simuler, faire semblant »). À noter : un *feignant* est littéralement quelqu'un qui feint (fait semblant) de travailler, tandis qu'un *fainéant* est quelqu'un qui ne fait rien (« il fait néant »). On utilise ces deux noms pour désigner des personnes paresseuses.
anhélantes : cet adjectif littéraire est issu du verbe *anhéler* (« respirer avec peine »). Il s'accorde ici avec le nom *respirations*, au féminin pluriel. On pourrait dire aussi *haletantes*.
anacrouse : l'anacrouse est constituée des quelques notes placées juste avant le premier temps d'un morceau. Ici, le mot est employé plaisamment pour désigner les préliminaires.
débraguetta : le verbe *débraguetter*, que l'on doit à François Rabelais, célèbre écrivain du XVIe siècle, signifie « défaire la braguette ». Il est ici au passé simple, temps utilisé pour mettre l'action au premier plan.
érubescentes : cet adjectif littéraire signifiant « qui rougit, devient rouge », s'accorde ici avec le nom *joues*, au féminin pluriel. Plusieurs adjectifs des *Dictées coquines* se terminent par *-scent* : *concupiscent effervescent* **/** *incandescent* **/** *turgescent*...
maestro : nom italien donné à un chef d'orchestre ou à un grand compositeur. Il n'y a donc pas d'accent sur le *e*.
d'aucuns : ce pronom indéfini pluriel, qui est d'usage littéraire, signifie « certaines personnes ». Le verbe qui suit se met au pluriel, d'où *d'aucuns racontent*.
vue : pour savoir s'il faut accorder le participe passé suivi d'un infinitif ou un participe présent avec le COD placé avant le verbe (ici, *l'* pour Mélodie), il faut se demander si c'est bien ce COD qui fait l'action exprimée par le verbe à l'infinitif. Est-ce Mélodie qui quitte le concert ? Oui. Dans ce cas, on accorde.

PÉRILLEUSE IDYLLE

Périlleuse idylle

Depuis trois ans et demi, Jade demandait à cor et à cri à sa compagne qu'elle lui fît un enfant. Or, Constance n'en avait pas le désir… Alors, après moult différends qui s'étaient succédé et rapprochés ces derniers mois, Jade prit ses cliques et ses claques et quitta le domicile conjugal, ne fût-ce que pour soulager les voisins qui s'étaient plaints de leurs esclandres répétés. Quelque temps après, l'air hagard, elle arriva à Roissy-Charles-de-Gaulle et prit un aller simple pour le hasard. Elle atterrit à Moscou à 20 heures précises. Près de l'accueil se tenait une sylphide tout à fait distinguable. Sur sa pancarte, un nom : Claire Gardeau. Un frisson lui parcourut la moelle* épinière. Elle serait cette Claire pour la soirée.

* [mwal]

L'affriolante Svetlana aux yeux bleu-vert et au teint éburné la conduisit sur-le-champ dans un hôtel luxueux. À peine la Russe avait-elle ouvert l'huis de la chambre, qu'elle poussa Jade sur le lit à baldaquin accolé aux murs rouge vermillon entièrement capitonnés de la chambre. À la hâte, Svetlana ôta sa robe cintrée avant de déshabiller Jade qui fut tout émoustillée par tant de hardiesse. Les deux femmes s'embrassèrent avidement, mêlant des effluves subtils de myrrhe amère et d'hamamélis. Leurs tétons turgescents s'effleuraient, tandis que la cyprine commençait à humecter leurs dessous.

C'est alors que Svetlana sortit de son sac un godemiché[1] en verre borosilicate qu'elle avait pris soin de réchauffer entre ses paumes. Elle l'introduisit entre les petites lèvres gonflées de Jade. Sous le joug de cette tsarine[2] saphique, obnubilée par les va-et-vient lancinants du sex-toy[3], Jade jouit bruyamment. Elle resta allongée quelques minutes, mais une sorte de piqûre dans le cou la fit sursauter. C'était un couteau dont la lame acérée commençait à lui percer l'épiderme. « Qui es-tu ? demanda Svetlana, les papiers d'identité que j'ai trouvés ne sont pas les bons. Tu n'es pas la Française que je devais leur ramener. » Atterrée, Jade lui expliqua qu'elle l'avait suivie par hasard. Svetlana éloigna le poignard, flageolante, les yeux embués. Elle avait failli à sa mission. L'organisation mafieuse qui l'employait allait les retrouver et les occire toutes les deux.

« Il n'y a qu'une solution, dit-elle, te faire passer pour cette espionne française. » Svetlana planta sur les lèvres de Jade un baiser lascif et concupiscent, sans doute pour lui donner de l'allant. Tandis qu'elle lui expliquait comment tenir son rôle, Jade comprit qu'elle jouait sa vie... à la roulette russe.

VARIANTES ET AUTRES ORTHOGRAPHES ACCEPTÉES :
1. godemichet. 2. tzarine. 3. sexe-toy

Périlleuse idylle

Depuis trois ans et **demi**, Jade demandait **à cor et à cri** à sa compagne qu'elle lui **fît** un enfant. Or, Constance n'en avait pas le désir… Alors, après **moult différends** qui s'étaient **succédé** et **rapprochés** ces derniers mois, Jade **prit ses cliques et ses claques** et quitta le domicile conjugal, **ne fût-ce que** pour soulager les voisins qui s'étaient **plaints** de leurs esclandres répétés. **Quelque** temps après, l'air hagard, elle arriva à **Roissy-Charles-de-Gaulle** et prit un aller simple pour le hasard. Elle atterrit à Moscou à 20 heures **précises**. Près de l'**accueil** se tenait une **sylphide** tout à fait **distinguable**. Sur sa pancarte, un nom : Claire Gardeau. Un frisson lui parcourut la **moelle** épinière. Elle serait cette Claire pour la soirée.

L'affriolante Svetlana, aux yeux **bleu-vert** et au teint **éburné**, la conduisit **sur-le-champ** dans un hôtel luxueux. À peine la Russe avait-elle ouvert l'huis de la chambre, qu'elle poussa Jade sur le lit à baldaquin accolé aux murs rouge vermillon entièrement capitonnés de la chambre. À la hâte, Svetlana ôta sa robe cintrée avant de déshabiller Jade qui fut tout émoustillée par tant de hardiesse. Les deux femmes s'embrassèrent avidement, mêlant des effluves subtils de myrrhe amère et d'hamamélis. Leurs tétons turgescents s'effleuraient, tandis que la cyprine commençait à humecter leurs dessous.

C'est alors que Svetlana sortit de son sac un godemiché en verre borosilicate qu'elle avait pris soin de réchauffer entre ses paumes. Elle l'introduisit entre les petites lèvres gonflées de Jade. Sous le joug de cette tsarine saphique, obnubilée par les va-et-vient lancinants du sex-toy, Jade jouit bruyamment. Elle resta allongée quelques minutes, mais une sorte de piqûre dans le cou la fit sursauter. C'était un couteau dont la lame acérée commençait à lui percer l'épiderme. « Qui es-tu ? demanda Svetlana, les papiers d'identité que j'ai trouvés ne sont pas les bons. Tu n'es pas la Française que je devais leur ramener. » Atterrée, Jade lui expliqua qu'elle l'avait suivie par hasard. Svetlana éloigna le poignard, flageolante, les yeux embués. Elle avait failli à sa mission. L'organisation mafieuse qui l'employait allait les retrouver et les occire toutes les deux.

« Il n'y a qu'une solution, dit-elle, te faire passer pour cette espionne française. » Svetlana planta sur les lèvres de Jade un baiser lascif et concupiscent, sans doute pour lui donner de l'allant. Tandis qu'elle lui expliquait comment tenir son rôle, Jade comprit qu'elle jouait sa vie… à la roulette russe.

demi : placé derrière un nom, *demi* peut prendre la marque du féminin, mais jamais celle du pluriel. Autres exemples : *une heure et demie* **I** *deux heures et demie.*

à cor et à cri : dans cette expression, il n'est pas question du *corps* (humain), mais du *cor*, l'instrument à vent servant à émettre des signaux, des appels. L'expression signifie que l'on réclame, que l'on demande quelque chose à grand bruit, en insistant.

fît : le verbe *faire* est ici conjugué au subjonctif imparfait, car il est question d'un souhait *(elle demandait qu'elle lui fît un enfant)*. Écrire *fit* sans accent revient à conjuguer ce verbe au passé simple de l'indicatif, mode du réel.

moult : terme ancien signifiant « beaucoup, très ». Comme tous les adverbes, il est invariable. Autre exemple : *moult caresses.*

différends : si vous pouvez remplacer ce mot par *désaccord*, c'est qu'il se termine de la même manière, par un *d*. Dans la plupart des autres cas, c'est l'adjectif *différent* (*différente* au féminin), avec un *t* final, qu'il faut écrire.

succédé : si les pronoms *me, te, se,* etc., répondent à la question « à quoi » ou « à qui ? », ils sont compléments d'objet indirects (COI). Or, le participe passé ne s'accorde jamais avec le COI. Ici : *Les jours avaient succédé à quoi ? À eux-mêmes (s'). → Ils* ***s'****étaient succéd****é****.*

rapprochés / plaints : le pronom *s'* est ici un pronom non réfléchi, qui n'est pas analysable. On accorde le participe passé avec le sujet, comme s'il s'agissait d'un verbe essentiellement pronominal (ex. : se méfier, s'évanouir, s'envoler).

prendre ses cliques et ses claques : partir à la hâte en emportant tout ce qu'on a. Anciennement, les *cliques* désignaient les jambes, et les *claques,* les protections que l'on mettait sur ses souliers pour les protéger.

ne fût-ce que : ici, le subjonctif imparfait, employé dans le style soutenu, équivaut à un conditionnel présent. *Ne fût-ce que = ne serait-ce que*.

quelque : lorsque le déterminant *quelque* est suivi d'un nom au singulier, il s'écrit sans *s*. Autres exemples : *quelque part* **I** *quelque chose.*

Roissy-Charles-de-Gaulle : lorsqu'un nom de lieu est composé, tous les mots, à l'exception de l'article initial, sont reliés par un trait d'union. Autres exemples : *place de l'Hôtel-de-Ville, église Saint-Sulpice.*

précises : s'accorde avec le nom féminin *heure*, ici au pluriel. Autre exemple : *trois heures tapantes.*

accueil : dans les graphies *-cueil* et *-gueil,* le *e* et le *u* s'inversent pour que l'on prononce [k] et [g]. Autres exemples : *c****ue****illir* **I** *org****ue****il*. Autre difficulté : les deux *c* d'*accueil* et *accueillir.*

sylphide : femme mince et gracieuse. Le mot vient de Sylphe, le génie de l'air dans les mythologies gauloise, celte et germanique.

distinguable : tous les adjectifs en *-gable* s'écrivent sans le *u* du verbe dont ils sont issus *(fatigable, navigable)*, sauf *distinguable* qui souhaite certainement... se distinguer !

moelle : attention, pas de tréma ni d'accent sur le premier *e*, tout comme dans *moelleux, moelleuse, moelleusement* ou encore *moellon*.

bleu-vert : lorsqu'un adjectif est composé de deux adjectifs de couleur, il est invariable et les deux éléments sont reliés par un trait d'union. Autre exemple : *des pantalons brun-gris.*

éburné : adjectif littéraire signifiant « qui a l'aspect, la blancheur de l'ivoire ». On rencontre aussi la forme *éburnéen.*

sur-le-champ : locution adverbiale qui signifie « immédiatement, tout de suite ». Sans les deux traits d'union, nous nous retrouvons sur un champ (de fleurs ?). Notez que le nom *champ* s'écrit sans *s* au singulier.

Périlleuse idylle

Depuis trois ans et **demi**, Jade demandait **à cor et à cri** à sa compagne qu'elle lui **fît** un enfant. Or, Constance n'en avait pas le désir… Alors, après **moult différends** qui s'étaient **succédé** et **rapprochés** ces derniers mois, Jade **prit ses cliques et ses claques** et quitta le domicile conjugal, **ne fût-ce que** pour soulager les voisins qui s'étaient **plaints** de leurs esclandres répétés. **Quelque** temps après, l'air hagard, elle arriva à **Roissy-Charles-de-Gaulle** et prit un aller simple pour le hasard. Elle atterrit à Moscou à 20 heures **précises**. Près de l'**accueil** se tenait une **sylphide** tout à fait **distinguable**. Sur sa pancarte, un nom : Claire Gardeau. Un frisson lui parcourut la **moelle** épinière. Elle serait cette Claire pour la soirée.

L'affriolante Svetlana, aux yeux **bleu-vert** et au teint **éburné**, la conduisit sur-le-champ dans un hôtel luxueux. À peine la **Russe** avait-elle ouvert **l'huis** de la chambre, qu'elle poussa Jade sur le lit à **baldaquin** accolé aux murs **rouge vermillon** entièrement capitonnés de la chambre. À la hâte, Svetlana ôta sa robe cintrée avant de déshabiller Jade qui fut **tout** émoustillée par tant de hardiesse. Les deux femmes s'embrassèrent avidement, mêlant des effluves **subtils** de **myrrhe** amère et d'**hamamélis**. Leurs tétons **turgescents** s'effleuraient, tandis que la **cyprine** commençait à humecter leurs dessous.

C'est alors que Svetlana sortit de son sac un godemiché en verre **borosilicate** qu'elle avait pris soin de réchauffer entre ses paumes. Elle l'introduisit entre les petites lèvres gonflées de Jade. Sous le **joug** de cette tsarine saphique, **obnubilée** par les **va-et-vient** lancinants du sex-toy, Jade jouit **bruyamment**. Elle resta allongée quelques minutes, mais une sorte de piqûre dans le cou la fit sursauter. C'était un couteau dont la lame acérée commençait à lui percer l'épiderme. « Qui es-tu ? demanda Svetlana, les papiers d'identité que j'ai **trouvés** ne sont pas les bons. Tu n'es pas la **Française** que je devais leur ramener. » Atterrée, Jade lui expliqua qu'elle l'avait **suivie** par hasard. Svetlana éloigna le poignard, flageolante, les yeux embués. Elle avait failli à sa mission. L'organisation mafieuse qui l'employait allait les retrouver et les **occire** toutes les deux.

« Il n'y a qu'une solution, dit-elle, te faire passer pour cette espionne **française.** » Svetlana planta sur les lèvres de Jade un baiser **lascif** et **concupiscent**, sans doute pour lui donner de l'allant. Tandis qu'elle lui expliquait comment tenir son rôle, Jade comprit qu'elle jouait sa vie... à la roulette russe.

Russe / Française : *Russe* et *Française* sont ici des noms, ils prennent donc une majuscule, comme tous les noms d'habitants des villes, des pays, des continents, des planètes, etc.
l'huis : hérité de l'ancien français, un *huis* est une porte. On le retrouve dans *huisserie* et *huissier* (littéralement « gardien d'une porte »). Le *h* de *huis* est muet, on écrit donc ***l'****huis* et non *le huis*.
baldaquin : ouvrage de tapisserie en forme de dais et garni de rideaux, placé au-dessus d'un lit. Le mot vient de l'italien *baldacchino*, une étoffe de soie de la ville de Bagdad (*Baldacco* en italien ancien).
rouge vermillon : d'un rouge vif tirant sur l'orangé. Les adjectifs de couleur composés sont invariables. Dans *les murs rouge vermillon, rouge* ne s'accorde pas avec *murs*. On pourrait dire que les murs sont d'un rouge qui est comme celui du vermillon (un pigment à base de sulfure de mercure).
tout : placé devant un adjectif masculin ou féminin commençant par un *e* ou un *h* muet, l'adverbe *tout* est invariable.
subtils : s'accorde avec le nom masculin *effluves*, ici au pluriel.
myrrhe : gomme-résine aromatique, très présente dans de nombreuses mythologies et religions, connue pour être relaxante.
hamamélis : ce nom, issu du grec, s'écrit avec un *h* initial, mais pas de double *m*. Des feuilles et de l'écorce de ce petit arbre à fleurs jaunes on tire un extrait utilisé en médecine et en cosmétologie.
turgescents : la turgescence est l'augmentation de volume d'un organe, notamment par rétention de sang veineux. *Turgescent* signifie donc « gonflé, enflé ».
cyprine : liquide sécrété par le vagin en phase d'excitation. Le mot vient de Cypris, surnom de la déesse Aphrodite. Dans la langue populaire, on parle de *mouille*.
borosilicate : le verre borosilicate est une spécialité de verre fabriqué à partir de borate et de silicate et supportant d'assez hautes températures.
joug : ce nom littéraire, issu du latin *jugum*, signifie « dure sujétion, contrainte matérielle ou morale ». Il est ici employé plaisamment, le joug s'avérant excitant, agréable.
obnubilée : *obnubiler*, c'est voiler (la vue), comme le ferait un nuage. Le terme vient du latin *ob-* (« en face, à l'encontre ») et *nubes* (« nuages »). Par extension, il signifie « hypnotiser, obséder ».
va-et-vient : les noms composés de deux verbes sont invariables. Le nom composé *va-et-vient* est issu des verbes *aller* et *venir* et s'écrit avec deux traits d'union.
bruyamment : adverbe de manière. On retrouve le radical de l'adjectif auquel on ajoute *-ment* (« de manière »). Comme le *n* ne peut précéder le *m*, on le change en *m*. Ici : *bruyant* + *ment* → *bruya****m****ment*.
trouvés / suivie : le participe passé s'accorde avec le complément d'objet direct* si celui-ci est placé avant le verbe. *Le COD répond à la question « quoi ? » ou « qui ? ». Ici : *J'ai trouvé quoi ? Les papiers d'identité (que).* → *Les papiers* ***que*** *j'ai trouv****és****.* **|** *Elle avait suivie qui ? Svetlana (l').* → *Elle* ***l'****avait suivi****e****.*
occire : verbe littéraire issu du latin *occidere*. Il signifie « tuer, faire mourir ».
française : cet adjectif, qui qualifie ici le nom *espionne*, commence par une minuscule. À distinguer de *Française*, plus haut, qui en tant que nom d'habitant, commence par une majuscule.
lascif : signifie « empreint d'une grande sensualité ». C'est le seul adjectif de la langue française se terminant par *-scif.*
concupiscent : qui éprouve de la concupiscence, qui est attaché aux plaisirs sensuels. Plusieurs adjectifs des *Dictées coquines* se terminent par *-scent* : *effervescent* **|** *érubescent* **|** *incandescent*...

PARTIE DE BOULES

Partie de boules

* [lɛ ; le]

Assise à l'arrière du car qui filait vers Villeneuve-lez*-Avignon[1], Fanny, émoustillée par les cahots dus aux nids-de-poule criblant la voie communale, sentit monter en elle une irréfrénable envie de se caresser. À peine avait-elle commencé à effleurer son clitoris qu'elle se sentit observée par un passager au regard concupiscent. Gênée, elle retira précipitamment sa main de son entrejambe. Quelque temps après, le car s'arrêta devant le bar de la mairie. Tous les samedis soir, Fanny y travaillait comme serveuse. Sur la place du village, les joueurs de pétanque s'affairaient, en marcels[2] et nu-pieds. Galéjades et jérémiades résonnaient tous azimuts.

Après qu'elle eut revêtu sa tenue de travail – chemise cintrée et jupe bleu foncé – Fanny sortit fumer une cigarette. C'est alors qu'elle reconnut l'homme qui l'avait dévisagée dans le car. Avec ses cheveux blonds et ses yeux bleu-vert, il détonnait parmi les boulistes de type méditerranéen. « Oh, Vivian, tu tires ou tu pointes ? » Ledit Vivian, cherchant à tout prix à susciter l'intérêt de Fanny, l'invita à jouer sa boule. Une forte attirance naquit entre eux sur-le-champ. « C'est l'heure du pastaga ! » cria Marcel, le patron du bar, en direction du boulodrome. En un tournemain, l'arrière-salle se remplit. Comme à l'accoutumée, le débonnaire

Marcel offrit la première tournée. Fanny servit avec enjouement cette assemblée, qui exhalait une odeur de sueur mâtinée d'anis*. Afin de pallier une pénurie de cacahuètes[3], Fanny se rendit dans la réserve.

* [anis ; ani]

Un toussotement provint de la porte entrebâillée. C'était Vivian. Il l'enlaça et glissa ses mains dans sa chemise à demi boutonnée pour attraper ses seins, titillant ses tétons qui durcissaient. Son vier* se dressa contre les fesses charnues de Fanny. La jeune femme callipyge se cambra davantage et fit descendre sa culotte le long de ses jambes glabres. Les doigts agiles de Vivian s'immiscèrent dans le sexe humecté de Fanny. Celle-ci, tout excitée par ses[4] caresses, gémissait bruyamment.

* [vje]

Tous s'étaient tus, intrigués par le chahut des deux amants. Marcel les exhorta à plus de discrétion. Faisant fi de cet avertissement, Vivian pénétra Fanny et ses[5] va-et-vient provoquèrent des spasmes de plaisir chez sa partenaire. Il eût été impossible d'arrêter leurs ébats tant leur connexion était forte. Quand ils réapparurent, ce fut sous les bravos. « Vivian a embrassé le cul de Fanny ! » lança Marcel, qui servit une deuxième[6] tournée.

VARIANTES ET AUTRES ORTHOGRAPHES ACCEPTÉES :
1. Villeneuve-lès-Avignon. **2.** marcel. **3.** cacahouètes
4. ces. **5.** ces. **6.** 2e.

Partie de boules

Assise à l'arrière du car qui filait vers **Villeneuve-lez-Avignon**, Fanny, émoustillée par les **cahots dus** aux **nids-de-poule** criblant la voie communale, sentit monter en elle une irréfrénable envie de se caresser. À peine avait-elle commencé à effleurer son clitoris qu'elle se sentit observée par un passager au regard **concupiscent**. **Gênée**, elle retira **précipitamment** sa main de son entrejambe. **Quelque** temps après, le car s'arrêta devant le bar de la mairie. Tous les **samedis soir**, Fanny y travaillait comme serveuse. Sur la place du village, les joueurs de pétanque s'affairaient, en marcels et nu-pieds. Galéjades et jérémiades **résonnaient** tous azimuts.

Après qu'elle **eut revêtu** sa tenue de travail – chemise cintrée et jupe **bleu foncé** – Fanny sortit fumer une cigarette. C'est alors qu'elle reconnut l'homme qui l'avait **dévisagée** dans le car. Avec ses cheveux blonds et ses yeux **bleu-vert**, il **détonnait** parmi les boulistes de type méditerranéen. « Oh, Vivian, tu tires ou tu pointes ? » Ledit Vivian, cherchant à tout prix à susciter l'intérêt de Fanny, l'invita à jouer sa boule. Une forte attirance naquit entre eux sur-le-champ. « C'est l'heure du *pastaga* ! » cria Marcel, le patron du bar, en direction du boulodrome. En un tournemain, l'arrière-salle se remplit. Comme à l'accoutumée, le débonnaire Marcel offrit la première tournée. Fanny servit avec enjouement cette assemblée, qui exhalait une odeur de sueur mâtinée d'anis. Afin de pallier une pénurie de cacahuètes, Fanny se rendit dans la réserve.

Un toussotement provint de la porte entrebâillée. C'était Vivian. Il l'enlaça et glissa ses mains dans sa chemise à demi boutonnée pour attraper ses seins, titillant ses tétons qui durcissaient. Son vier se dressa contre les fesses charnues de Fanny. La jeune femme callipyge se cambra davantage et fit descendre sa culotte le long de ses jambes glabres. Les doigts agiles de Vivian s'immiscèrent dans le sexe humecté de Fanny. Celle-ci, tout excitée par ses caresses, gémissait bruyamment.

Tous s'étaient tus, intrigués par le chahut des deux amants. Marcel les exhorta à plus de discrétion. Faisant fi de cet avertissement, Vivian pénétra Fanny et ses va-et-vient provoquèrent des spasmes de plaisir chez sa partenaire. Il eût été impossible d'arrêter leurs ébats tant leur connexion était forte. Quand ils réapparurent, ce fut sous les bravos. « Vivian a embrassé le cul de Fanny ! » lança Marcel, qui servit une deuxième tournée.

Villeneuve-lez-Avignon : s'écrit avec deux traits d'union. Concernant *lez*, qui peut aussi s'écrire *lès*, c'est une préposition signifiant « à côté de, près de ». Elle n'est plus employée que dans certains noms de lieux composés comme Villeneuve-lès-Avignon, comprenez « Villeneuve près d'Avignon ». On la distingue de l'article *les*, qui compose aussi des noms de villes comme Aix-les-Bains, c'est-à-dire « Aix où il y a des bains ».
cahots : rebond, soubresaut d'un véhicule sur une route inégale. À distinguer de l'homophone *chaos* (« grand désordre, confusion »). À *cahot* correspond l'adjectif *cahoteux*, à *chaos, chaotique*.
dus : participe passé du verbe *devoir*, accordé au masculin pluriel. Attention, il ne prend un accent circonflexe qu'au masculin singulier afin de le distinguer de l'article *du*. On écrit donc : *il a d**û**,* mais *elle est d**u**e* et *ils sont d**u**s.*
nids-de-poule : lorsqu'un nom est composé d'un nom commun, d'une préposition puis d'un autre nom commun, seul le premier nom prend la marque du pluriel. Autres exemples : *des chefs-d'œuvre.*
concupiscent : qui éprouve de la concupiscence, qui est attaché aux plaisirs sensuels. Plusieurs adjectifs des *Dictées coquines* se terminent par *-scent* : *effervescent* **I** *érubescent* **I** *incandescent...*
gênée : le nom *gêne*, comme le verbe *gêner*, prend un accent circonflexe sur le e. Ce mot est issu du vieux français *géhenne* (« torture »). Le participe passé est ici accordé avec le nom propre *Fanny*, féminin singulier.
précipitamment / **bruyamment** : adverbes de manière. On retrouve le radical de l'adjectif auquel on ajoute *-ment* (« de manière »). Comme le *n* ne peut précéder le *m,* on le change en *m*. Ici : *précipitant + ment* → *précipita**m**ment* **I** *bruyant + ment* → *bruya**m**ment.*
quelque : lorsque le déterminant *quelque* est suivi d'un nom au singulier (*du temps* et non *des temps*), il s'écrit sans *s*. Autres exemples : *quelque part* **I** *quelque chose.*
samedis soir : les noms de jours, qui s'écrivent avec une minuscule, prennent la marque du pluriel comme n'importe quel nom commun. En revanche, placés après eux, *matin* et *soir* ne s'accordent pas : on peut les remplacer par *au matin*, *au soir.*
résonnaient : ce verbe, ici conjugué à la 3e personne du pluriel de l'imparfait de l'indicatif, s'écrit avec un *é* après le *r*, comme dans *écho* ! Attention à ne pas le confondre avec son homophone *raisonner*, qui signifie « faire usage de sa raison, de sa capacité de réflexion ».
eut revêtu : le verbe *revêtir* est au passé antérieur, temps de l'indicatif, car il suit la locution *après que*. Astuce : pour déterminer quel temps utiliser, remplacez *après que* par *dès que* → *dès qu'elle* ***a/eut*** *revêtu* → *après qu'elle* ***a/eut*** *revêtu.*
bleu foncé : les adjectifs de couleur composés sont invariables. Dans *une jupe bleu foncé*, ni *bleu* ni *foncé* ne s'accordent avec *jupe*. On pourrait dire que la jupe est d'un bleu qui est foncé.
dévisagée : le participe passé s'accorde avec le complément d'objet direct (COD)* si celui-ci est placé avant le verbe. *Le COD répond à la question « quoi ? » ou « qui ? ». Ici : *L'homme avait dévisagé qui ? Fanny (l').* → *L'homme qui **l'**avait dévisag**ée**.*
bleu-vert : lorsqu'un adjectif est composé de deux adjectifs de couleur, il est invariable et les deux éléments sont reliés par un trait d'union. Autre exemple : *des pantalons brun-gris.*
détonnait : le verbe *détonner*, qui s'écrit avec deux *n*, signifie « sortir du ton, ne pas être en harmonie avec le reste ». Avec un seul *n*, *détoner* signifie « émettre un bruit plus ou moins violent, en particulier en explosant » (le nom correspondant est la *détonation*).

Partie de boules

Assise à l'arrière du car qui filait vers Villeneuve-lez-Avignon, Fanny, émoustillée par les cahots dus aux nids-de-poule criblant la voie communale, sentit monter en elle une irréfrénable envie de se caresser. À peine avait-elle commencé à effleurer son clitoris qu'elle se sentit observée par un passager au regard concupiscent. Gênée, elle retira précipitamment sa main de son entrejambe. Quelque temps après, le car s'arrêta devant le bar de la mairie. Tous les samedis soir, Fanny y travaillait comme serveuse. Sur la place du village, les joueurs de pétanque s'affairaient, en marcels et nu-pieds. Galéjades et jérémiades résonnaient tous azimuts.

Après qu'elle eut revêtu sa tenue de travail – chemise cintrée et jupe bleu foncé – Fanny sortit fumer une cigarette. C'est alors qu'elle reconnut l'homme qui l'avait dévisagée dans le car. Avec ses cheveux blonds et ses yeux bleu-vert, il détonnait parmi les boulistes de type méditerranéen. « Oh, Vivian, tu tires ou tu pointes ? » **Ledit** Vivian, cherchant **à tout prix** à susciter l'intérêt de Fanny, l'invita à jouer sa boule. Une forte attirance naquit entre eux **sur-le-champ**. « C'est l'heure du ***pastaga*** ! » cria Marcel, le patron du bar, en direction du boulodrome. **En un tournemain**, l'arrière-salle se remplit. Comme à l'accoutumée, le **débonnaire** Marcel offrit la première tournée. Fanny servit avec **enjouement** cette assemblée, qui **exhalait** une odeur de sueur **mâtinée** d'anis. Afin de **pallier** une pénurie de cacahuètes, Fanny se rendit dans la réserve.

Un toussotement provint de la porte **entrebâillée**. C'était Vivian. Il l'enlaça et glissa ses mains dans sa chemise **à demi** boutonnée pour attraper ses seins, titillant ses tétons qui durcissaient. Son **vier** se dressa contre les fesses charnues de Fanny. La jeune femme **callipyge** se cambra davantage et fit descendre sa culotte le long de ses jambes **glabres**. Les doigts agiles de Vivian s'immiscèrent dans le sexe humecté de Fanny. Celle-ci, **tout** excitée par ses caresses, gémissait **bruyamment**.

Tous s'étaient tus, intrigués par le chahut des deux amants. Marcel les exhorta à plus de discrétion. Faisant **fi** de cet avertissement, Vivian pénétra Fanny et ses **va-et-vient** provoquèrent des spasmes de plaisir chez sa partenaire. Il eût été impossible d'arrêter leurs ébats tant leur **connexion** était forte. Quand ils réapparurent, ce fut sous les **bravos**. « Vivian a embrassé le cul de Fanny ! » lança Marcel, qui servit une deuxième tournée.

ledit : on écrit en un seul mot les termes composés d'un article et de *dit* ou de *dite*. Autres exemples : *ladite* | *lesdits* | *lesdites* | *dudit* | *desdits* | *desdites*. Il en va de même pour *susdit* et *susdite*.
à tout prix : c'est au singulier que s'écrit *tout* dans cette expression car l'on sous-entend « à n'importe quel prix ». Elle signifie « quoi qu'il puisse en coûter, coûte que coûte ».
sur-le-champ : locution adverbiale qui signifie « immédiatement, tout de suite ». Sans les deux traits d'union, nous nous retrouvons sur un champ (de fleurs ?). Notez que le nom *champ* s'écrit sans *s* au singulier.
pastaga : il s'agit du nom provençal du célèbre pastis, boisson alcoolisée constituée d'un mélange d'alcool et d'essence d'anis.
en un tournemain : cette expression désuète signifie littéralement « en aussi peu de temps qu'il en faut pour tourner sa main », autrement dit, très rapidement ! Son sens n'étant plus compris, elle a été remplacée, dans la langue courante, par « en un tour de main », qui dénote l'agilité plus que la rapidité.
débonnaire : adjectif littéraire qui s'écrit avec deux *n*. Il signifie « qui est bon jusqu'à la faiblesse ».
enjouement : attention à ne pas oublier le *e* muet à l'intérieur de ce nom tiré de l'adjectif *enjoué*. Il désigne une disposition à une gaieté aimable, à la bonne humeur. On pourrait dire aussi *entrain*.
exhalait : verbe composé du préfixe *ex-* et du verbe latin *halare* (« souffler »), d'où le *h* après le *x*. Il signifie « laisser s'échapper, émettre ».
mâtinée : le mâtin est un gros chien. *Faire mâtiner une chienne* signifie « la faire couvrir par un chien de race différente ». *Être mâtiné* signifie « ne pas être de race pure » ; au sens figuré « être mêlé de ».
pallier : le verbe *pallier*, qui s'écrit avec deux *l*, est transitif direct : *on pallie un problème* (et non *à un problème*). Avec un seul *l*, le *palier* est la plateforme située à chaque étage d'un escalier.
entrebâillée : *entrebâiller* et ses dérivés s'écrivent en un seul mot et avec un accent circonflexe sur le *a*.
à demi : *demi* est toujours invariable dans la locution *à demi*. Autres exemples : *Elle était à demi nue, les jambes à demi ouvertes.*
vier : dans le Sud, le *vier*, qui est de la même famille que le *vit*, désigne le sexe masculin. On le rencontre également dans l'interjection (très familière) *Mon vier !*, laquelle traduit l'agacement, la déception teintée de colère.
callipyge : mot d'origine grecque, issu de *kallos* (« beauté ») et *pugê* (« fesse »), qui signifie « qui a de belles fesses » ou « des fesses fortement développées ».
glabres : vient du latin *glaber* (« sans poils »). Ce qui est glabre est dépourvu de poils (imberbe ou rasé).
tout : placé devant un adjectif masculin ou féminin commençant par un *e* ou un *h* muet, l'adverbe *tout* est invariable.
fi : *faire fi de* signifie « s'en moquer, dédaigner ».
va-et-vient : les noms composés de deux verbes sont invariables. Le nom composé *va-et-vient* est issu des verbes *aller* et *venir* et s'écrit avec deux traits d'union.
connexion : en français, ce nom s'écrit avec un *x*, bien qu'il soit de la même famille que *connecter* et *connectique*. C'est en anglais qu'on écrit *connection*, par exemple dans *French connection*.
bravo : l'interjection d'origine italienne *bravo !*, qui a donné le nom *bravo*, prend la marque du pluriel : un *bravo*, des *bravos*. Il désigne l'applaudissement, l'approbation.

QUIPROQUO AU COURS DE PHILO

Quiproquo au cours de philo

***Journal de Sophia* :** Aujourd'hui dans l'amphi, le hasard m'a placée à côté d'Andréas. Outre son prénom, tout chez lui est une invite à la débauche : l'annelure naturelle de ses cheveux ébène, l'éclat marmoréen de ses dents que découvrent des lèvres charnues, le galbe de ses épaules contre lesquelles j'adorerais me lover, ne fût-ce qu'une demi-seconde ! Mais ce dieu de l'Olympe n'est pas qu'un physique. Dès qu'il lève son index, c'est pour baigner l'hémicycle de ses lumières. Nous ne nous sommes pas encore parlé, mais si je le pouvais, j'en ferais mon sigisbée !

***Journal d'Andréas* :** Quel[1] après-midi ! Pendant tout le cours, j'étais très à l'étroit dans mon jean. Aussitôt arrivé au studio, je me suis adonné à l'onanisme en repensant à son regard concupiscent qui m'a déshabillé à chaque question que j'ai osé poser. Eschatologie, eudémonisme, herméneutique…, les notions que j'ai abordées à son contact ont dorénavant un enivrant* parfum de luxure. Les va-et-vient qui se sont succédé sur mon vit* gonflé de désir ont fini par soulager la tension.

* [ãnivʀã ; enivʀã]

* [vi]

***Journal de Sophia* :** Après le cours, Andréas et moi avons devisé quelque dix minutes avant que je n'aie le courage de tenter une approche. Quelle déception lorsqu'il m'a repoussée ! Je ne me résous cependant pas à abandonner. Je réessaierai incessamment.

Journal de Philippe : Moi qui m'étais juré en mon for intérieur que je ne succomberais jamais au charme d'un étudiant, je ne sais si je pourrai[2] résister à celui du bel Andréas. Son clin d'œil fut suffisamment lubrique lorsqu'il me tendit son numéro pour que cela m'excitât et me fît oublier mon vœu pieux.

Journal d'Andréas : À peine avais-je poussé l'huis que je me retrouvai contre Philippe, tout hirsute, chemise entrouverte. Un désir subit de le prendre me submergea. Je le déboutonnai. Son pantalon chut au sol. Je glissai ma langue sur son torse glabre, puis autour de sa queue dressée. Il soubresautait sous mes caresses buccales. Il se retourna alors et mon sexe turgescent pénétra son anus accueillant pendant un temps assez long pour que nous atteignissions le faîte de notre plaisir. Les gémissements qui s'ensuivirent nous indiquèrent que nous n'étions alors qu'aux prémices de notre passion.

Journal de Sophia : Andréas est gay ! Peu importe, nouvelle cible en vue : Philippe, le prof de philo, un véritable apollon...

VARIANTES ET AUTRES ORTHOGRAPHES ACCEPTÉES :
1. quelle **2.** pourrais (au conditionnel, autre sens).

Quiproquo au cours de philo

Journal de Sophia : Aujourd'hui dans l'amphi, le hasard m'a **placée** à côté d'Andréas. Outre son prénom, tout chez lui est une **invite** à la débauche : l'**annelure** naturelle de ses cheveux **ébène**, l'éclat **marmoréen** de ses dents que découvrent des lèvres charnues, le galbe de ses épaules contre lesquelles j'**adorerais** me lover, ne **fût**-ce qu'une **demi-seconde** ! Mais ce **dieu** de l'**Olympe** n'est pas qu'un physique. Dès qu'il lève son index, c'est pour baigner l'hémicycle de ses lumières. Nous ne nous sommes pas encore **parlé**, mais si je le pouvais, j'en **ferais** mon **sigisbée** !

Journal d'Andréas : Quel après-midi ! Pendant tout le cours, j'étais très à l'étroit dans mon jean. Aussitôt arrivé au studio, je me suis adonné à l'**onanisme** en repensant à son regard **concupiscent** qui m'a déshabillé à chaque question que j'ai **osé** poser. **Eschatologie**, **eudémonisme**, **herméneutique**..., les notions que j'ai **abordées** à son contact ont dorénavant un **enivrant** parfum de luxure. Les **va-et-vient** qui se sont succédé sur mon vit gonflé de désir ont fini par soulager la tension.

Journal de Sophia : Après le cours, Andréas et moi avons devisé quelque dix minutes avant que je n'aie le courage de tenter une approche. Quelle déception lorsqu'il m'a repoussée ! Je ne me résous cependant pas à abandonner. Je réessaierai incessamment.

Journal de Philippe : Moi qui m'étais juré en mon for intérieur que je ne succomberais jamais au charme d'un étudiant, je ne sais si je pourrai résister à celui du bel Andréas. Son clin d'œil fut suffisamment lubrique lorsqu'il me tendit son numéro pour que cela m'excitât et me fît oublier mon vœu pieux.

Journal d'Andréas : À peine avais-je poussé l'huis que je me retrouvai contre Philippe, tout hirsute, chemise entrouverte. Un désir subit de le prendre me submergea. Je le déboutonnai. Son pantalon chut au sol. Je glissai ma langue sur son torse glabre, puis autour de sa queue dressée. Il soubresautait sous mes caresses buccales. Il se retourna alors et mon sexe turgescent pénétra son anus accueillant pendant un temps assez long pour que nous atteignissions le faîte de notre plaisir. Les gémissements qui s'ensuivirent nous indiquèrent que nous n'étions alors qu'aux prémices de notre passion.

Journal de Sophia : Andréas est gay ! Peu importe, nouvelle cible en vue : Philippe, le prof de philo, un véritable apollon...

placée / abordées / repoussée : le participe passé s'accorde avec le complément d'objet direct (COD)* si celui-ci est placé avant le verbe. *Le COD répond à la question « quoi ? » ou « qui ? ». Ici : *Le hasard a placé qui ? Sophia (m'). → Le hasard **m'**a placé**e**.* I *J'ai abordé quoi ? Les notions (qu'). → Les notions **que** j'ai abordé**es**.* I *Il a repoussé qui ? Sophia (m'). → Il **m'**a repoussé**e**.*
invite : vient du vocabulaire de certains jeux de cartes. Une invite est une carte que l'on joue ; au sens figuré, il s'agit d'une invitation plus ou moins déguisée.
annelure : nom littéraire désignant une frisure de cheveux par boucles ou anneaux.
ébène : les adjectifs de couleur issus d'un nom commun sont en général invariables. D'où *des cheveux ébène*, c'est-à-dire noirs comme le bois d'ébène.
marmoréen : vient du latin *marmor* (« marbre »). Un sourire marmoréen a la blancheur, l'éclat et la froideur du marbre.
adorerais / ferais / succomberais : ces trois verbes, sont conjugués à la 1re personne du conditionnel présent, mode du souhait et de l'incertitude, d'où la terminaison *-ais* (et non *-ai*). Pour vous en assurer, remplacez *je* par *nous*. Ici : *j'adorerais → nous adorerions* I *j'en ferais → nous en ferions* I *je ne succomberais → nous ne succomberions.*
fût : ici, le subjonctif imparfait, employé dans le style soutenu, équivaut à un conditionnel présent. *Ne fût-ce que = ne serait-ce que.*
demi-seconde : placé devant un nom ou un adjectif, auquel il est relié par un trait d'union, *demi* est invariable. Autre exemple : *Ils sont demi-nus.*
dieu / Olympe : pas de majuscule à *dieu*, employé ici au sens figuré. En revanche, il y en a une à *Olympe*, nom propre désignant le séjour des dieux dans la mythologie gréco-romaine.
parlé : si les pronoms *me, te, se,* etc., répondent à la question « à quoi ? » ou « à qui ? », ils sont compléments d'objet indirects (COI). Or, le participe passé ne s'accorde jamais avec le COI. Ici : *Nous n'avons pas parlé à qui ? À nous. → Nous ne **nous** sommes pas parl**é**.*
sigisbée : chevalier servant d'une dame. Ce nom littéraire est issu de l'italien *cicisbeo*, de même sens.
onanisme : nom savant de la masturbation (masculine, à l'origine). Le mot vient d'Onan, personnage de la Bible.
concupiscent : qui éprouve de la concupiscence, qui est attaché aux plaisirs sensuels. Plusieurs adjectifs des *Dictées coquines* se terminent par *-scent* : *effervescent* I *érubescent* I *incandescent* I *turgescent...*
osé : pour savoir s'il faut accorder le participe passé suivi d'un infinitif ou d'un participe présent avec le COD placé avant le verbe (ici *la question*), il faut se demander si c'est bien ce COD qui fait l'action exprimée par le verbe à l'infinitif. Est-ce la question qui fait l'action de poser ? Non. Dans ce cas, on n'accorde pas le participe.
eschatologie : du grec *eskhatos* (« dernier »). Doctrine portant sur le sort ultime de l'homme après sa mort et sur celui de l'univers après sa disparition.
eudémonisme : du grec *eudaimonismos* (« bonheur »). Théorie morale fondée sur le bonheur conçu comme bien suprême.
herméneutique : du grec *hermêneutikos*, lui-même issu de *hermêneuein* (« expliquer »). Théorie de l'interprétation des signes comme éléments symboliques d'une culture.
enivrant : synonyme d'*enthousiasmant, exaltant.* Ne prend qu'un *n*, comme le verbe *enivrer.*
va-et-vient : les noms composés de deux verbes sont invariables. Le nom composé *va-et-vient* est issu des verbes *aller* et *venir* et s'écrit avec deux traits d'union.

Quiproquo au cours de philo

Journal de Sophia : Aujourd'hui dans l'amphi, le hasard m'a placée à côté d'Andréas. Outre son prénom, tout chez lui est une invite à la débauche : l'annelure naturelle de ses cheveux ébène, l'éclat marmoréen de ses dents que découvrent des lèvres charnues, le galbe de ses épaules contre lesquelles j'adorerais me lover, ne fût-ce qu'une demi-seconde ! Mais ce dieu de l'Olympe n'est pas qu'un physique. Dès qu'il lève son index, c'est pour baigner l'hémicycle de ses lumières. Nous ne nous sommes pas encore parlé, mais si je le pouvais, j'en ferais mon sigisbée !

Journal d'Andréas : Quel après-midi ! Pendant tout le cours, j'étais très à l'étroit dans mon jean. Aussitôt arrivé au studio, je me suis adonné à l'onanisme en repensant à son regard concupiscent qui m'a déshabillé à chaque question que j'ai osé poser. Eschatologie, eudémonisme, herméneutique..., les notions que j'ai abordées à son contact ont dorénavant un enivrant parfum de luxure. Les va-et-vient qui se sont **succédé** sur mon **vit** gonflé de désir ont fini par soulager la tension.

Journal de Sophia : Après le cours, Andréas et moi avons devisé **quelque** dix minutes avant que je n'**aie** le courage de tenter une approche. Quelle déception lorsqu'il m'a **repoussée** ! Je ne me **résous** cependant pas à abandonner. Je **réessaierai incessamment**.

Journal de Philippe : Moi qui m'**étais** juré en mon **for** intérieur que je ne **succomberais** jamais au charme d'un étudiant, je ne sais si je pourrai résister à celui du bel Andréas. Son clin d'œil fut suffisamment lubrique lorsqu'il me tendit son numéro pour que cela m'**excitât** et me **fît** oublier mon vœu pieux.

Journal d'Andréas : À peine avais-je poussé **l'huis** que je me **retrouvai** contre Philippe, tout hirsute, chemise entrouverte. Un désir **subit** de le prendre me submergea. Je le **déboutonnai**. Son pantalon **chut** au sol. Je **glissai** ma langue sur son torse glabre, puis autour de sa queue dressée. Il **soubresautait** sous mes caresses buccales. Il se retourna alors et mon sexe **turgescent** pénétra son anus accueillant pendant un temps assez long pour que nous atteignissions le **faîte** de notre plaisir. Les gémissements qui **s'ensuivirent** nous indiquèrent que nous n'étions alors qu'aux **prémices** de notre passion.

Journal de Sophia : Andréas est gay ! Peu importe, nouvelle cible en vue : Philippe, le prof de philo, un véritable **apollon**...

succédé : si les pronoms *me, te, se*, etc., répondent à la question « à quoi ? » ou « à qui ? », ils sont compléments d'objet indirects (COI). Or, le participe passé ne s'accorde jamais avec le COI. Ici : *Les va-et-vient ont succédé à quoi ? À eux-mêmes (se).* → *Ils* ***se*** *sont succéd****é****.*
vit : terme ancien qui désigne le pénis. Il vient du latin *vectis* (« levier, barre »).
quelque : lorsque *quelque* est synonyme d'*environ*, il devient adverbe et s'écrit toujours au singulier. Ici : *quelque dix minutes = environ dix minutes.*
aie : le verbe *avoir* est ici conjugué au subjonctif présent, car il suit la locution *avant que*.
résous : les verbes qui se terminent par *-indre* (*craindre, éteindre, joindre...*) et *-soudre* (*résoudre, dissoudre, absoudre*) perdent leur *d* au présent de l'indicatif. Ainsi : *je résou****s*** **I** *tu résou****s*** **I** *il résou****t****.*
réessaierai : verbe *réessayer* conjugué au futur de l'indicatif, mode du réel. Même si elle ne s'est pas encore produite, l'action est certaine au moment où l'on parle. D'où la terminaison *-ai* (et non *-ais).* Pour vous en assurer, remplacez *je* par *nous*. Ici : *je réessaierai* → *nous réessaierons.*
incessamment : adverbe de manière. On retrouve le radical de l'adjectif auquel on ajoute *-ment* (« de manière »). Comme le *n* ne peut précéder le *m*, on le change en *m*. Ici : *incessant + ment* → *incessa****m****ment.* À noter : *incessamment* signifie « très prochainement, sans délai ».
étais : le verbe *être*, ici à l'imparfait de l'indicatif, est conjugué à la 1re personne du singulier. En effet, comme *moi qui = je*, on écrit *moi qui étais.*
for : vient du latin ecclésiastique *forum* (« place publique », puis « tribunal »). Le *for intérieur* est en quelque sorte le tribunal intime de la conscience.
excitât / **fît** : les verbes *exciter* et *faire* sont ici conjugués au subjonctif imparfait, car ils suivent la locution *pour que*. Dans la langue courante, on aurait utilisé le subjonctif présent.
l'huis : hérité de l'ancien français, un *huis* est une porte. On le retrouve dans *huisserie* et *huissier* (littéralement « gardien d'une porte »). Le *h* de *huis* est muet, on écrit donc ***l'****huis* et non *le huis*.
retrouvai / **déboutonnai** / **glissai** : ces trois verbes sont conjugués au passé simple, car ils décrivent une action de courte durée, par contraste avec l'imparfait qui s'utilise pour une action qui se poursuit ou qui se répète.
subit : cet adjectif, qui donne *subite* au féminin, signifie « soudain ». Sans *t*, *subi* (*subie* au féminin) est le participe passé de *subir*. Ici, il s'agit bien d'un coup de barre soudain... donc *subit* !
chut : verbe *choir* (« tomber ») conjugué à la 3e personne du singulier du passé simple.
soubresautait : écrit en un seul mot, ce verbe signifie « avoir des soubresauts », c'est-à-dire des tressaillements dus à l'émotion.
turgescent : la turgescence est l'augmentation de volume d'un organe, notamment par rétention de sang veineux. *Turgescent* signifie donc « gonflé, enflé ».
faîte : au sens figuré, ce nom littéraire désigne le degré le plus élevé de quelque chose. On pourrait dire aussi l'acmé, l'apogée, le sommet...
s'ensuivirent : verbe pronominal venant de *suivre*, qui s'écrit en un seul mot. Attention aux temps composés : *il, elle s'est ensuivi(e)* **I** *ils, elles se sont ensuivi(e)s.*
prémices : le nom pluriel *prémices*, avec un *c*, désigne les premières manifestations, les débuts de quelque chose. À ne pas confondre avec la *prémisse*, avec deux *s*, chacune des deux premières propositions d'un syllogisme.
apollon : lorsqu'il désigne un homme d'une grande beauté, *apollon* est un nom commun et commence par une minuscule. Lorsqu'il s'agit du dieu grec, il commence par une majuscule. Exemple : *Apollon est le fils de Zeus.*

ROMANCE
EN ROME ANTIQUE

Romance en Rome antique

Nous sommes au VIIIe siècle avant Jésus-Christ[1], à Rome, dans la villa d'une riche famille patricienne. En ce jeudi, jour de Jupiter, la plupart des habitants s'affairent. Dans quelque deux heures s'impatronisera une autre famille des curies romaines pour les traditionnelles agapes en l'honneur du dieu Bacchus. Assise dans l'atrium, Julia, unique héritière du matriarcat, baye* aux corneilles. Tandis qu'elle tripote la fibule qui retient les pans de sa robe bleu marine, ses pensées voguent vers l'être aimé. Inexorablement, elle attend…

* [baj]

Enfin, des voix s'élèvent dans le vestibule. L'amphitryonne accorte accourt accueillir ses hôtes. Sans faire de chichis, tous s'installent sur les lits moelleux* du triclinium*. Julia s'est allongée tout près de Lucia. Enivrées* par ce vin nouveau de la région gauloise du Beaujolais, les deux camarades se sont regardées et se sont souri toute la soirée. Julia se met à effleurer la gorge de celle qui fait battre son cœur, promène ses doigts graciles jusqu'à la naissance de ses seins piriformes. C'est l'heure de vérité : Lucia, toute haletante, résistera-t-elle à ses[2] avances ?

* [mwalø]

* [tʀiklinjɔm]

* [ɑ̃nivʀe ; enivʀe]

Au vu des joues érubescentes de Lucia, celle-ci est à deux doigts de succomber. À moins que les caresses de l'alliciante

Julia l'aient effarouchée ? Nenni ! Lucia jette sa tête en arrière, comme une invite à un baiser dans le cou. Les lèvres de Julia se posent sur sa peau hâlée d'où s'exhalent des effluves subtils de myrte, et trouvent vite ses tétons turgescents pour les mordiller et les lécher. Prise d'un désir subit, Julia entraîne[3] Lucia vers son cubiculum*. Elle soulève la stola de sa dulcinée, sa main parcourt ses cuisses glabres et remonte vers son subligaculum* qu'elle détache.

* [kybikylɔm]

* [sybligakylɔm]

L'excitation est à son faîte. Julia meurt d'envie de pénétrer l'entrejambe échauffé de sa partenaire avec sa langue. « Puis-je te goûter[4] ? » s'enquiert-elle. Lucia gémit pour toute réponse. Julia en avait tant rêvé qu'elle trouve assez naturellement le rythme et la pression idéals. Frissonnante de plaisir, la belle amante atteint l'empyrée. Le temps semble s'être arrêté, mais soudain on les appelle. Elles se rhabillent à la hâte et regagnent les bacchanales, qui sont quasi finies. « Quels heureux auspices ! Nous avons décidé de vous marier, vous, nos deux seules héritières... »

VARIANTES ET AUTRES ORTHOGRAPHES ACCEPTÉES :
1. J.-C. 2. ces. 3. entraine. 4. gouter.

Romance en Rome antique

Nous sommes au VIIIe siècle avant Jésus-Christ, à Rome, dans la villa d'une riche famille **patricienne**. En ce jeudi, jour de Jupiter, la plupart des habitants s'affairent. Dans **quelque** deux heures **s'impatronisera** une autre famille des **curies** romaines pour les **traditionnelles agapes** en l'honneur du **dieu Bacchus**. Assise dans l'atrium, Julia, unique héritière du **matriarcat**, **baye aux corneilles**. Tandis qu'elle tripote la **fibule** qui retient les pans de sa robe **bleu marine**, ses pensées voguent vers l'être aimé. Inexorablement elle attend...

Enfin, des voix s'élèvent dans le vestibule. L'**amphitryonne accorte** accourt accueillir ses hôtes. Sans faire de chichis, tous s'installent sur les lits moelleux du **triclinium**. Julia s'est allongée tout près de Lucia. **Enivrées** par ce vin nouveau de la région **gauloise** du **Beaujolais**, les deux camarades se sont **regardées** et se sont **souri** toute la soirée. Julia se met à effleurer la gorge de celle qui fait battre son cœur, promène ses doigts graciles jusqu'à la naissance de ses seins **piriformes**. C'est l'heure de vérité : Lucia, toute haletante, résistera-t-elle à ses avances ?

Au vu des joues érubescentes de Lucia, celle-ci est à deux doigts de succomber. À moins que les caresses de l'alliciante Julia l'aient effarouchée ? Nenni ! Lucia jette sa tête en arrière, comme une invite à un baiser dans le cou. Les lèvres de Julia se posent sur sa peau hâlée d'où s'exhalent des effluves subtils de myrte, et trouvent vite ses tétons turgescents pour les mordiller et les lécher. Prise d'un désir subit, Julia entraîne Lucia vers son cubiculum. Elle soulève la stola de sa dulcinée, sa main parcourt ses cuisses glabres et remonte vers son subligaculum qu'elle détache.

L'excitation est à son faîte. Julia meurt d'envie de pénétrer l'entrejambe échauffé de sa partenaire avec sa langue. « Puis-je te goûter ? » s'enquiert-elle. Lucia gémit pour toute réponse. Julia en avait tant rêvé qu'elle trouve assez naturellement le rythme et la pression idéals. Frissonnante de plaisir, la belle amante atteint l'empyrée. Le temps semble s'être arrêté, mais soudain on les appelle. Elles se rhabillent à la hâte et regagnent les bacchanales, qui sont quasi finies. « Quels heureux auspices ! Nous avons décidé de vous marier, vous, nos deux seules héritières... »

VIIIe : les siècles se notent traditionnellement en chiffres romains. *Huitième* est donc écrit avec les symboles V, I, I, I (5 + 1 + 1 + 1 = 8) auxquels s'ajoute un simple *e* en exposant.
patricienne : membre du patriciat de l'ancienne Rome. Personne qui fait partie de la noblesse, de la classe privilégiée, par opposition aux plébéiens.
quelque : lorsque *quelque* est synonyme d'*environ*, il devient adverbe et s'écrit toujours au singulier. Ici : *quelque deux heures = environ deux heures.*
s'impatronisera : le verbe *s'impatroniser* signifie s'établir comme chez soi. On reconnaît le nom latin *patronus* (« patron »). Familièrement, on dit *s'incruster* !
curies : chez les Romains, la curie était une subdivision de la tribu. Il existait trente curies, chacune présidée par un patricien.
traditionnelles : s'accorde avec le nom féminin *agapes*, ici au pluriel.
agapes : du grec *agapê* (« affection »). Les *agapes* (au pluriel dans ce sens) sont un repas copieux et joyeux entre amis, un festin.
dieu / Bacchus : pas de majuscule à *dieu*, qui désigne ici une divinité païenne. En revanche, il y en a une à *Bacchus*, nom du dieu romain du vin, de l'ivresse et des débordements, notamment sexuels.
matriarcat : terme formé sur le modèle de *patriarcat*. Régime d'organisation sociale dans lequel la femme joue un rôle politique prépondérant.
baye aux corneilles : *bayer aux corneilles* signifie regarder niaisement en l'air, bouche bée, rêvasser. L'orthographe *bayer* ne s'emploie que dans cette expression courante.
fibule : épingle de sûreté ou fermoir en bronze, en fer ou en métal précieux qui servait à agrafer les vêtements.
bleu marine : les adjectifs de couleur composés sont invariables. Dans *la robe bleu marine, bleu* ne s'accorde pas avec *robe*. On pourrait dire que la robe est d'un bleu qui rappelle celui de la marine, qui signifie ici « la haute mer ».
amphytrionne : forme féminine, assez rare, du nom *amphytrion*. À l'origine, Amphitryon est un roi de la mythologie grecque et le personnage d'une comédie de Molière. Ce nom désigne désormais un hôte qui offre à dîner.
accorte : d'origine italienne, l'adjectif *accort* signifie « avenant », « gracieux ». On l'emploie surtout au féminin. Autres exemples : *une personne accorte* **I** *une physionomie accorte* **I** *une humeur accorte*.
triclinium : salle de réception ou salle à manger d'une maison romaine, comportant une table et des lits de banquets.
enivrées : ce synonyme d'*ivre*, ne prend qu'un *n*, tout comme *enivrer, enivrant, enivrement.* Il s'accorde ici avec *les deux camarades*, au féminin pluriel.
gauloise / Beaujolais : *gauloise* est un adjectif qualificatif, il commence donc par une minuscule. En tant que nom propre désignant une région, *Beaujolais* prend une majuscule.
regardées / souri : si les pronoms *me, te, se*, etc. répondent à la question « quoi ? » ou « qui ? », ils sont compléments d'objet directs (COD). Or, le participe passé s'accorde avec le COD si celui-ci est placé avant le verbe. Ici : *Elles ont regardé qui ? Elles-mêmes (se).* → *Elles* ***se*** *sont regardé****es****.* Si ces mêmes pronoms répondent à la question « à quoi ? » ou « à qui ? », ils sont compléments d'objet indirects (COI). Or, le participe passé ne s'accorde jamais avec le COI. Ici : *Elles ont souri à qui ? À elles-mêmes (se).* → *Elles* ***se*** *sont sour****i****.*
piriformes : du latin *pirum* (« poire »). En forme de poire.

Romance en Rome antique

Nous sommes au VIIIe siècle avant Jésus-Christ, à Rome, dans la villa d'une riche famille patricienne. En ce jeudi, jour de Jupiter, la plupart des habitants s'affairent. Dans quelque deux heures s'impatronisera une autre famille des curies romaines pour les traditionnelles agapes en l'honneur du dieu Bacchus. Assise dans l'atrium, Julia, unique héritière du matriarcat, baye aux corneilles. Tandis qu'elle tripote la fibule qui retient les pans de sa robe bleu marine, ses pensées voguent vers l'être aimé. Inexorablement elle attend...

Enfin, des voix s'élèvent dans le vestibule. L'amphitryonne accorte accourt accueillir ses hôtes. Sans faire de chichis, tous s'installent sur les lits moelleux du triclinium. Julia s'est allongée tout près de Lucia. Enivrées par ce vin nouveau de la région gauloise du Beaujolais, les deux camarades se sont regardées et se sont souri toute la soirée. Julia se met à effleurer la gorge de celle qui fait battre son cœur, promène ses doigts graciles jusqu'à la naissance de ses seins piriformes. C'est l'heure de vérité : Lucia, **toute** haletante, résistera-t-elle à ses avances ?

Au vu des joues **érubescentes** de Lucia, celle-ci est à deux doigts de succomber. À moins que les caresses de l'**alliciante** Julia l'aient **effarouchée** ? Nenni ! Lucia jette sa tête en arrière, comme une **invite** à un baiser dans le cou. Les lèvres de Julia se posent sur sa peau hâlée d'où s'exhalent des effluves **subtils** de **myrte,** et trouvent vite ses tétons **turgescents** pour les mordiller et les lécher. Prise d'un désir **subit**, Julia entraîne Lucia vers son **cubiculum**. Elle soulève la **stola** de sa dulcinée, sa main parcourt ses cuisses **glabres** et remonte vers son **subligaculum** qu'elle détache.

L'excitation est à son **faîte**. Julia meurt d'envie de pénétrer l'entrejambe **échauffé** de sa partenaire avec sa langue. « Puis-je te goûter ? » **s'enquiert**-elle. Lucia gémit pour toute réponse. Julia en avait tant rêvé qu'elle trouve assez naturellement le rythme et la pression **idéals**. Frissonnante de plaisir, la belle amante atteint l'**empyrée**. Le temps semble s'être arrêté, mais soudain on les appelle. Elles se rhabillent à la hâte et regagnent les **bacchanales,** qui sont **quasi** finies. « **Quels heureux auspices** ! Nous avons décidé de vous marier, vous, nos deux seules héritières... »

toute : placé devant un adjectif féminin commençant par une consonne ou un *h* aspiré, qui interdit la liaison et l'élision (***le** halètement* et non *l'halètement*), l'adverbe *tout* s'accorde en genre et en nombre avec l'adjectif qu'il précède. Autres exemples : *toute honteuse* | *toute contente*.

au vu : dans les expressions *au vu de, au vu et au su de, vu que*, on a affaire au participe passé *vu*, au masculin singulier.

érubescentes : cet adjectif littéraire signifiant « qui rougit, devient rouge » s'accorde avec le nom féminin *joues*, ici au pluriel. Plusieurs adjectifs des *Dictées coquines* se terminent par *-scent* : *effervescent* | *concupiscent* | *incandescent* | *turgescent*...

alliciante : cet adjectif littéraire s'emploie surtout au féminin. Il signifie « qui séduit, aguiche ».

effarouchée : le participe passé s'accorde avec le complément d'objet direct (COD)* si celui-ci est placé avant le verbe. *Le COD répond à la question « quoi ? » ou « qui ? ». Ici : *Les caresses ont effarouché qui ? Lucia (l').* → *Les caresses **l'**ont effarouch**ée**.*

invite : vient du vocabulaire de certains jeux de cartes. Une *invite* est une carte que l'on joue ; au sens figuré, il s'agit d'une invitation plus ou moins déguisée.

subtils : s'accorde avec le nom masculin *effluves*, ici au pluriel.

myrte : du grec *murtos*, ce nom féminin s'écrit avec un *y*. Les feuilles de cet arbuste symbolisaient pour les Anciens l'amour et la gloire. Par distillation, on en extrait une essence aromatique.

turgescents : la turgescence est l'augmentation de volume d'un organe, notamment par rétention de sang veineux. *Turgescent* signifie donc « gonflé, enflé ».

subit : cet adjectif, qui donne *subite* au féminin, signifie « soudain ». Sans *t*, *subi* (*subie* au féminin) est le participe passé de *subir*. Ici, il s'agit bien d'un désir soudain (donc *subit*) !

cubiculum : nom latin désignant la chambre à coucher. Les maisons traditionnelles romaines comportaient plusieurs *cubicula*.

stola : nom latin désignant la robe longue et brodée dans le bas que portaient les dames romaines.

glabres : vient du latin *glaber* (« sans poils »). Ce qui est *glabre* est dépourvu de poils (imberbe ou rasé).

subligaculum : nom latin désignant un sous-vêtement porté dans la Grèce et la Rome antiques.

faîte : au sens figuré, ce nom littéraire désigne le degré le plus élevé de quelque chose. On pourrait dire aussi *l'acmé, l'apogée, le sommet*...

échauffé : s'accorde avec le nom masculin *entrejambe*.

s'enquiert : verbe *s'enquérir* conjugué à la 3e personne du présent de l'indicatif. Attention, écrire *s'enquière* reviendrait à conjuguer ce verbe au subjonctif présent.

idéals : l'adjectif *idéal* s'accorde ici au masculin pluriel, avec les noms *rythme* (masculin) et *pression* (féminin). On pourrait également dire et écrire *idéaux*.

empyrée : nom masculin qui vient du latin *empyrius* (« embrasé, de feu »). Au sens figuré, c'est le séjour des bienheureux, le monde de l'au-delà. Ici, *atteindre l'empyrée* revient à atteindre le septième ciel, autrement dit l'orgasme.

bacchanales : ce nom féminin pluriel désigne les fêtes religieuses célébrées en l'honneur de Bacchus dans le monde romain. Au singulier, une *bacchanale* est une débauche bruyante, une orgie.

quasi : lorsque *quasi* (« presque, pour ainsi dire ») est un adverbe modifiant un adjectif, un adverbe ou un pronom, il n'y a pas de trait d'union entre les deux mots. Autre exemple : *Il est quasi prêt.* Le trait d'union, lui, n'apparaît que dans les noms composés. Exemple : *un quasi-monopole*.

quels heureux : s'accordent avec le nom masculin *auspices*, ici au pluriel.

auspices : nom masculin qui s'emploie au pluriel au sens de « circonstances ».

MISSIVES JOUISSIVES

Missives jouissives

« Chère inconnue aux yeux azur, nous nous sommes déjà parlé à maintes reprises, et je n'ai jamais osé vous faire part de mon trouble. Votre beauté élégante, votre vivacité d'esprit, ainsi que les effluves subtils du parfum enivrant* que vous laissez, telle une traîne[1], dans les couloirs de l'université, m'auront rendu coi, moi, si disert à l'accoutumée. Sachez que je suis fréquemment assis non loin de vous, que j'observe vos gestes gracieux… et ce phénix tatoué sur votre nuque que vous découvrez en attachant vos cheveux châtains. J'aimerais avoir l'heur de vous plaire. Me répondrez-vous ? »

* [ãnivʀã ; enivʀã]

« Je désirais *in petto** que vous m'écrivissiez quelque écrit vicieux pour attiser la flamme concupiscente que vous avez allumée en moi. Votre plume est encore bien sage, aussi me permettrai-je de vous narrer la rêverie polissonne qui m'a gagnée hier. Vous vous asseyiez à côté de moi. Ne pouvant nous embrasser au vu et au su de tout l'hémicycle, nous nous touchâmes les mains, les cuisses, enfin l'entrejambe échauffé. Tandis que je vous débraguettais, vous caressâtes mon mont de Vénus, puis titillâtes mon clitoris. J'encerclai de mes doigts votre vit* dont la dureté le disputait à la douceur et y imprimai moult va-et-vient. Aurez-vous l'audace d'inventer la suite ? »

* [inpeto; inpɛtto]

* [vi]

« Eh bien, belle inconnue, quelle hardiesse dans vos propos ! Je me résous à adopter le même ton puisqu'il semble vous seoir et m'immisce dans votre fantasme[2]. Tandis que vous faisiez vibrer sous vos mains expertes mon membre turgescent, je glissai promptement trois doigts entre vos lèvres humectées et sentis votre quetsche* vibrer à son tour. Ce fut si bon que mon vilebrequin s'emplit tant et plus. La cyprine, que j'eusse aimé pouvoir humer, inondait votre petite culotte cuisse-de-nymphe[3] en coton. »

* [kwɛtʃ]

« Hier, tout excitée par votre réponse qui me donna mille et une idées olé olé[4], je suis venue vous parler au débotté. Quelle n'a pas été ma surprise, quand, au terme de cette oaristys, vous m'avouâtes qu'il y avait erreur sur la personne. Mais faisons fi de ce quiproquo ! Qui que vous soyez, j'aimerais vous rencontrer. Si nous nous plaisons, peut-être laisserai-je votre plume tremper dans mon encrier… »

VARIANTES ET AUTRES ORTHOGRAPHES ACCEPTÉES :
1. traine. **2.** phantasme. **3.** cuisse de nymphe. **4.** ollé ollé.

Missives jouissives

Chère inconnue aux yeux **azur**, nous nous sommes déjà **parlé** à maintes reprises, et je n'ai jamais osé vous faire part de mon trouble. Votre beauté élégante, votre vivacité d'esprit, ainsi que les effluves **subtils** du parfum **enivrant** que vous laissez, **telle** une traîne, dans les couloirs de l'université, m'auront rendu **coi**, moi, si **disert** à l'accoutumée. Sachez que je suis **fréquemment** assis non loin de vous, que j'observe vos gestes gracieux... et ce **phénix** tatoué sur votre nuque que vous découvrez en attachant vos cheveux **châtains**. J'aimerais avoir l'**heur** de vous plaire. Me répondrez-vous ?

Je désirais ***in petto*** que vous m'écrivissiez quelque écrit vicieux pour attiser la flamme **concupiscente** que vous avez **allumée** en moi. Votre plume est encore bien sage, aussi me **permettrai**-je de vous narrer la rêverie **polissonne** qui m'a **gagnée** hier. Vous vous **asseyiez** à côté de moi. Ne pouvant nous embrasser **au vu et au su** de tout l'**hémicycle**, nous nous touchâmes les mains, les cuisses, enfin l'entrejambe **échauffé**. Tandis que je vous **débraguettais**, vous caressâtes mon mont de Vénus, puis titillâtes mon clitoris. J'encerclai de mes doigts votre vit dont la dureté le disputait à la douceur et y imprimai moult va-et-vient. Aurez-vous l'audace d'inventer la suite ?

Eh bien, belle inconnue, quelle hardiesse dans vos propos ! Je me résous à adopter le même ton puisqu'il semble vous seoir et m'immisce dans votre fantasme/phantasme. Tandis que vous faisiez vibrer sous vos mains expertes mon membre turgescent, je glissai promptement trois doigts entre vos lèvres humectées et sentis votre quetsche vibrer à son tour, ce fut si bon que mon vilebrequin s'emplit tant et plus. La cyprine, que j'eusse aimé pouvoir humer, inondait votre petite culotte cuisse-de-nymphe en coton.

Hier, tout excitée par votre réponse qui me donna mille et une idées olé olé, je suis venue vous parler au débotté. Quelle n'a pas été ma surprise, quand, au terme de cette oaristys, vous m'avouâtes qu'il y avait erreur sur la personne. Mais faisons fi de ce quiproquo ! Qui que vous soyez, j'aimerais vous rencontrer. Si nous nous plaisons, peut-être laisserai-je votre plume tremper dans mon encrier...

azur : les adjectifs de couleur issus d'un nom commun sont en général invariables, d'où *des yeux azur* (de la couleur de l'azur). Autre exemple : *des yeux turquoise*.
parlé : si les pronoms *me, te, se*, etc., répondent à la question « à quoi ? » ou « à qui ? », ils sont compléments d'objet indirects (COI). Or, le participe passé ne s'accorde jamais avec le COI. Ici : *Nous avons parlé à qui ? À nous. → Nous* ***nous*** *sommes parl**é**.*
subtils : s'accorde avec le nom masculin *effluves*, ici au pluriel.
enivrant : synonyme d'*enthousiasmant, exaltant*. Il ne prend qu'un *n*, comme le verbe *enivrer*.
telle : lorsque *tel* est épithète, il se place devant le nom et s'accorde avec lui. Autre exemple : *telle mère, telle fille.*
coi : issu du latin *quietus* (« quiet »), cet adjectif signifie « qui se tient tranquille, silencieux ». Il devient *coite* au féminin (à ne pas prononcer comme *coït*, bien sûr !).
disert : terme proche d'*éloquen*t signifiant « qui parle avec facilité et élégance ». Il est issu du latin *disserere* (« enchaîner des raisonnements »).
fréquemment : adverbe de manière. On retrouve le radical de l'adjectif auquel on ajoute *-ment* (« de manière »). Comme le *n* ne peut précéder le *m*, on le change en *m*. Ici : *fréquent + ment → fréque**m**ment.*
phénix : oiseau fabuleux de la mythologie gréco-latine qui renaît de ses cendres. Un phénix est aussi une personne supérieure, unique en son genre. Le nom *phœnix* existe, mais il désigne soit une plante de la famille des palmiers, soit, avec une majuscule initiale, la ville états-unienne *Phoenix*.
châtains : *châtain* n'est pas un nom d'élément naturel (contrairement à *châtaigne*). C'est donc un adjectif, qui s'accorde avec le nom qu'il décrit. Le féminin *châtaine* existe, mais il est rare et littéraire.
heur : la bonne fortune, la chance. On retrouve ce terme dans *bonheur* et *malheur*.
in petto : locution adverbiale issue de l'italien (« dans la poitrine ») qui signifie « sans que cela ne soit proclamé », donc « en secret ».
concupiscente : qui éprouve de la concupiscence, qui est attaché aux plaisirs sensuels. Plusieurs adjectifs des *Dictées coquines* se terminent par *-scent* : *effervescent* **|** *érubescent* **|** *incandescent* **|** *turgescent*...
allumée / gagnée : le participe passé s'accorde avec le complément d'objet direct (COD)* si celui-ci est placé avant le verbe. *Le COD répond à la question « quoi ? » ou « qui ? ». Ici : *Vous avez allumé quoi ? La flamme (que). → la flamme* ***que*** *vous avez allum**ée**.* **|** *La rêverie qui a gagné qui ? Moi (m'). → la rêverie qui* ***m'****a gagn**ée**.*
permettrai / laisserai : verbes *permettre* et *laisser* conjugués au futur simple à la 1re personne du singulier. Le premier est utilisé ici pour présenter, par politesse, un fait actuel comme s'il devait se produire plus tard. Le verbe *laisser* est bien envisagé comme un fait certain à venir, d'où l'utilisation du futur.
polissonne : un peu grivoise, libertine. S'écrit avec deux *s* (comme *lisse*) et deux *n* (comme *bonne*).
asseyiez : le verbe *s'asseoir* est ici conjugué à l'imparfait afin de planter le décor de l'action qui suit.
au vu et au su : dans cette expression, qui signifie « au grand jour », on utilise le participe passé des verbes *voir* et *savoir* au masculin singulier, comme dans *du déjà-vu, du jamais-vu, c'est tout vu, bien vu, mal vu*.
hémicycle : nom composé du grec *hêmi* (« à moitié ») et *kuklos* (« cercle »). C'est un espace, une construction qui a la forme d'un demi-cercle.
échauffé : s'accorde avec le nom masculin *entrejambe*, ici au singulier.
débraguettais : le verbe *débraguetter*, que l'on doit au célèbre écrivain du XVIe siècle François Rabelais, signifie « défaire la braguette ». Il est à l'imparfait, temps servant ici à marquer une action simultanée par rapport à une autre, introduite par la locution *tandis que*.

Missives jouissives

Chère inconnue aux yeux azur, nous nous sommes déjà parlé à maintes reprises, et je n'ai jamais osé vous faire part de mon trouble. Votre beauté élégante, votre vivacité d'esprit, ainsi que les effluves subtils du parfum enivrant que vous laissez, telle une traîne, dans les couloirs de l'université, m'auront rendu coi, moi, si disert à l'accoutumée. Sachez que je suis fréquemment assis non loin de vous, que j'observe vos gestes gracieux… et ce phénix tatoué sur votre nuque que vous découvrez en attachant vos cheveux châtains. J'aimerais avoir l'heur de vous plaire. Me répondrez-vous ?

Je désirais in petto que vous m'écrivissiez quelque écrit vicieux pour attiser la flamme concupiscente que vous avez allumée en moi. Votre plume est encore bien sage, aussi me permettrai-je de vous narrer la rêverie polissonne qui m'a gagnée hier. Vous vous asseyiez à côté de moi. Ne pouvant nous embrasser au vu et au su de tout l'hémicycle, nous nous touchâmes les mains, les cuisses, enfin l'entrejambe échauffé. Tandis que je vous débraguettais, vous **caressâtes** mon **mont de Vénus**, puis **titillâtes** mon clitoris. J'**encerclai** de mes doigts votre **vit** dont la dureté **le disputait à** la douceur et y imprimai **moult va-et-vient**. Aurez-vous l'audace d'inventer la suite ?

Eh bien, belle inconnue, quelle **hardiesse** dans vos propos ! Je me **résous** à adopter le même ton puisqu'il semble vous **seoir** et m'immisce dans votre fantasme/phantasme. Tandis que vous faisiez vibrer sous vos mains expertes mon membre **turgescent**, je **glissai** promptement trois doigts entre vos lèvres humectées et sentis votre **quetsche** vibrer à son tour, ce fut si bon que mon **vilebrequin** s'emplit tant et plus. La **cyprine**, que j'**eusse aimé** pouvoir humer, inondait votre petite culotte **cuisse-de-nymphe** en coton.

Hier, **tout** excitée par votre réponse qui me donna mille et une idées **olé olé**, je suis venue vous parler **au débotté**. **Quelle** n'a pas été ma surprise, quand, au terme de cette **oaristys**, vous m'avouâtes qu'il y avait erreur sur la personne. Mais faisons **fi** de ce quiproquo ! Qui que vous soyez, j'aimerais vous rencontrer. Si nous nous plaisons, peut-être **laisserai**-je votre plume tremper dans mon encrier…

caressâtes / titillâtes : verbes *caresser* et *titiller* au passé simple, temps utilisé pour mettre l'action au premier plan. L'accent circonflexe apparaît à la 2e, mais aussi à la 1re personne : *nous nous caressâmes* **I** *nous nous titillâmes.*
mont de Vénus : saillie arrondie au-dessus du sexe de la femme. *Vénus*, qui désigne ici la déesse de l'amour, prend bien une majuscule dans cette locution. Il en va de même lorsqu'on évoque la planète.
encerclai / glissai : verbes *encercler* et *glisser* au passé simple à la 1re personne du singulier. Le passé simple est généralement utilisé pour des actions brèves qui se succèdent. Astuce : pour distinguer le passé simple de l'imparfait, il suffit de remplacer *je* par *elle.* Ici : *elle encercl**a** et gliss**a*** (et non *elle encerclait et glissait).*
vit : terme ancien qui désigne le pénis. Il vient du latin *vectis* (« levier, barre »).
le disputait à : expression qui signifie « prétendre l'égaler ».
moult : adverbe ancien signifiant « beaucoup, très ». Il est invariable, d'où *moult va-et-vient.*
va-et-vient : les noms composés de deux verbes sont invariables. Le nom composé *va-et-vient* est issu des verbes *aller* et *venir* et s'écrit avec deux traits d'union.
eh : dans les locutions *eh bien*, *eh oui*, *eh non*, *eh* est une interjection qui sert à renforcer le mot précédent. Il ne s'agit donc pas de la conjonction de coordination *et.*
hardiesse : qualité de ce qui dénote de l'audace, du courage. Le *h* de hardiesse étant aspiré, on écrit et on dit ***la*** *hardiesse.*
résous : les verbes qui se terminent par *-soudre* (*résoudre, dissoudre, absoudre*) perdent leur *d* au présent de l'indicatif. Ainsi : *je résou**s*** **I** *tu résou**s*** **I** *il résou**t**.*
seoir : considérer comme convenable, correct. Le terme signifie également « aller bien » en parlant d'un vêtement. L'adjectif correspondant est *seyant.*
turgescent : la turgescence est l'augmentation de volume d'un organe, notamment par rétention de sang veineux. *Turgescent* signifie donc « gonflé, enflé ».
quetsche : cette grosse prune oblongue désigne aussi en argot le sexe féminin, tout comme l'*abricot* et la *figue*.
vilebrequin : cet outil de menuisier servant à percer des trous est aussi le sexe masculin en argot, tout comme le *gourdin*, le *pistolet* ou le *pilon*.
cyprine : liquide sécrété par le vagin en phase d'excitation. Le mot vient de Cypris, surnom de la déesse Aphrodite. Dans la langue populaire, on parle de *mouille*.
eusse aimé : verbe *aimer* au conditionnel passé 2e forme. On peut le remplacer par un conditionnel passé 1re forme dans la langue courante. *J'eusse aimé = j'aurais aimé.*
cuisse-de-nymphe : la cuisse-de-nymphe est une variété de rose blanche teintée de rose. L'adjectif invariable *cuisse-de-nymphe* signifie donc « d'un rose pâle ». Il existe aussi la couleur *cuisse-de-nymphe émue* (d'un rose plus vif).
tout : placé devant un adjectif masculin ou féminin commençant par un *e* ou un *h* muet, l'adverbe *tout* est invariable.
olé olé : adjectif invariable qui signifie « libre dans son langage » ou « coquin et léger ».
au débotté : au moment où l'on arrive, à l'improviste. Vient de *se débotter* (« quitter ses bottes »).
oaristys : une *oaristys* est un entretien amoureux, une conversation galante. D'origine grecque, le mot s'écrit avec un *i* suivi d'un *y*. « Ah ! les oaristys ! les premières maîtresses ! » s'exclame Verlaine dans son poème *Vœu*, tiré des *Poèmes saturniens.*
fi : l'expression *faire fi* signifie « mépriser, dédaigner, ignorer ».

LE PÈRE NOËL EN A UNE DURE !

Le père Noël en a une dure !

Ce soir, c'est l'effervescence chez Crédit Gère, agence bancaire de renommée locale. Pour le traditionnel gueuleton de Noël, Brigitte, la directrice, a commandé moult hors-d'œuvre : toasts de saumon gravlax[1] sur lit de tzatziki, ballotins de foie gras au chutney de poire[2], verrines d'œufs de lump*[3] à la crème citronnée..., bref, de quoi faire bonne chère ! Alors que l'on s'agglutine devant le buffet, Brigitte trépigne, tressaute, piaffe d'impatience. La surprise qu'elle a organisée pour ses collaborateurs devrait arriver incessamment. Dring ! Brigitte ouvre l'huis, enfin, lui ouvre : c'est le père Noël !

* [lœ̃p]

D'aucuns s'étonnent qu'il n'ait pas de barbe, mais comme il distribue quelque trente présents joliment emballés, il convainc chacun. On éteint alors quelques lampes, recouvre des abat-jour[4] et une musique sensuelle se met à résonner dans les haut-parleurs. Notre père Noël prend des poses lascives et se dévêt petit à petit jusqu'à ne garder que son string pailleté. Son parfum de vétiver* enivrant* et volatil se répand, et le doute dans l'assemblée se dissout : Brigitte a bien évidemment souhaité réchauffer l'ambiance. On vide les demi-bouteilles de champagne posées çà et là, tout le monde rit...

* [vetivɛʀ]

* [ɑ̃nivʀɑ̃ ; enivʀɑ̃]

Faisant fi du qu'en-dira-t-on, Brigitte entraîne[5] Jean-Pierre, le chargé d'accueil, dans son bureau. Tous deux titubants, ils choient à demi nus sur la moquette beige clair. C'est alors que Brigitte entreprend sur la personne de Jean-Pierre une fellation en bonne et due forme. Ce dernier, qui n'aime pas être débiteur, lui rend la pareille sur-le-champ. Il positionne la croupe de Brigitte au-dessus de sa bouche, et, d'une langue agile, effectue va-et-vient et circonvolutions. À l'issue de ce 69[6], notre directrice ne peut réprimer un orgasme clitoridien de magnitude 7[7]. Encore toute haletante, la peau ansérine, elle propose à Jean-Pierre de rejoindre les autres.

La fête semble terminée. Soudain, un bruit les interpelle. Sur le canapé de l'entrée, le père Noël est en bonne compagnie : Marie-Claude, à califourchon sur lui, se caresse le clitoris tandis que le vit* du jeune homme s'enfonce en elle de plus en plus vite. Patricia, face à elle, s'est assise sur la bouche du strip-teaseur[8] dont la langue est si agile qu'elle en perd son souffle, d'autant que Marie-Claude l'attire vers elle, l'embrasse goulûment[9] et se met à pincer habilement ses tétons durcis… « Apparemment, ma surprise leur a plu, jubile Brigitte. Je les laisse fermer l'agence. »

* [vi]

VARIANTES ET AUTRES ORTHOGRAPHES ACCEPTÉES :
1. gravlaks. **2.** poires. **3.** lompe. **4.** abat-jours. **5.** entraine. **6.** soixante-neuf. **7.** sept. **8.** stripteaseur. **9.** goulument.

Le père Noël en a une dure !

Ce soir, c'est l'**effervescence** chez Crédit Gère, agence bancaire de renommée locale. Pour le traditionnel **gueuleton** de Noël, Brigitte, la directrice, a commandé **moult hors-d'œuvre** : toasts de saumon **gravlax** sur lit de **tzatziki**, ballotins de foie gras au **chutney** de poire, verrines d'œufs de **lump** à la crème citronnée..., bref, de quoi faire **bonne chère** ! Alors que l'on s'agglutine devant le buffet, Brigitte trépigne, tressaute, piaffe d'impatience. La surprise qu'elle a **organisée** pour ses collaborateurs devrait arriver **incessamment**. Dring ! Brigitte ouvre **l'huis**, enfin, lui ouvre : c'est le **père Noël** !

D'aucuns s'étonnent qu'il n'ait pas de barbe, mais comme il distribue **quelque** trente présents joliment emballés, il **convainc** chacun. On **éteint** alors quelques lampes, recouvre des abat-jour et une musique sensuelle se met à **résonner** dans les haut-parleurs. Notre père Noël prend des poses lascives et se dévêt petit à petit jusqu'à ne garder que son string pailleté. Son parfum de vétiver enivrant et volatil se répand, et le doute dans l'assemblée se dissout : Brigitte a bien évidemment souhaité réchauffer l'ambiance. On vide les demi-bouteilles de champagne posées çà et là, tout le monde rit…

Faisant fi du qu'en-dira-t-on, Brigitte entraîne Jean-Pierre, le chargé d'accueil, dans son bureau. Tous deux titubants, ils choient à demi nus sur la moquette beige clair. C'est alors que Brigitte entreprend sur la personne de Jean-Pierre une fellation en bonne et due forme. Ce dernier, qui n'aime pas être débiteur, lui rend la pareille sur-le-champ. Il positionne la croupe de Brigitte au-dessus de sa bouche, et, d'une langue agile, effectue va-et-vient et circonvolutions. À l'issue de ce 69, notre directrice ne peut réprimer un orgasme clitoridien de magnitude 7. Encore toute haletante, la peau ansérine, elle propose à Jean-Pierre de rejoindre les autres.

La fête semble terminée. Soudain, un bruit les interpelle. Sur le canapé de l'entrée, le père Noël est en bonne compagnie : Marie-Claude, à califourchon sur lui, se caresse le clitoris tandis que le vit du jeune homme s'enfonce en elle de plus en plus vite. Patricia, face à elle, s'est assise sur la bouche du strip-teaseur dont la langue est si véloce qu'elle en perd son souffle, d'autant que Marie-Claude l'attire vers elle, l'embrasse goulûment et se met à pincer habilement ses tétons durcis… « Apparemment, ma surprise leur a plu, jubile Brigitte. Je les laisse fermer l'agence. »

effervescence : au sens figuré, agitation, émotion vive mais passagère. Plusieurs noms des *Dictées coquines* se terminent par *-scence : concupiscence* | *érubescence* | *incandescence* | *turgescence...*
gueuleton : nom familier issu de *gueule* et désignant un repas copieux et excellent, notamment dans l'expression *faire un gueuleton*.
moult : terme ancien signifiant « beaucoup, très ». Comme tous les adverbes, il est invariable. Autre exemple : *moult caresses.*
hors-d'œuvre : nom composé invariable désignant un plat froid ou chaud servi au début du repas.
gravlax : nom suédois désignant du saumon cru mariné avec de l'aneth, du sel et du poivre, typique de la cuisine scandinave.
tzatziki : nom grec désignant une salade de concombre au yaourt et à l'ail, typique de la cuisine grecque.
chutney : nom anglais désignant un condiment aigre-doux composé de fruits ou de légumes épicés et confits dans du vinaigre.
lump : autre nom du cycloptère, poisson connu pour ses œufs noirs qui ressemblent au caviar.
bonne chère : ici, *chère* est une déformation du latin *cara* (« visage »). Anciennement, *faire bonne chère* signifiait « faire bon visage », donc « bon accueil ». Et comme souvent cela supposait un bon repas, voilà comment nous sommes arrivés à l'idée de nourriture.
organisée : le participe passé s'accorde avec le complément d'objet direct (COD)* si celui-ci est placé avant le verbe. *Le COD répond à la question « quoi ? » ou « qui ? ». Ici : *Elle a organisé quoi ? La surprise (qu'). → La surprise **qu'**elle a organis**ée**.*
incessamment / **évidemment** / **apparemment** : adverbes de manière. On retrouve le radical de l'adjectif auquel on ajoute *-ment* (« de manière »). Comme le *n* ne peut précéder le *m*, on le change en *m*. Ici : *incessant + ment → incessa**m**ment* | *évident + ment → évide**m**ment* | *apparent + ment → appare**m**ment.*
l'huis : hérité de l'ancien français, un *huis* est une porte. On le retrouve dans *huisserie* et *huissier* (littéralement « gardien d'une porte »). Le *h* de *huis* est muet, on écrit donc ***l'****huis* et non *le huis*.
père Noël : seul Noël, nom propre désignant une fête, prend une majuscule dans cette locution.
d'aucuns : ce pronom indéfini pluriel, qui est d'usage littéraire, signifie « certaines personnes ». Le verbe qui suit se met au pluriel.
quelque : lorsque *quelque* est synonyme d'*environ*, il devient adverbe et s'écrit toujours au singulier. Ici : *quelque trente présents = environ trente présents.*
convainc : les verbes se terminant par *-cre* (*vaincre* et *convaincre*) se conjuguent ainsi au présent de l'indicatif : *je (con)vain**cs*** | *tu (con)vain**cs*** | *il, elle, on (con)vain**c*** | *nous (con)vainquons* | *vous (con)vainquez* | *ils, elles (con)vainquent.*
éteint / **se dissout** : les verbes en *-indre* (soit *-aindre*, *-eindre* et *-oindre*) perdent leur *d* aux 1re et 2e personnes du singulier du présent de l'indicatif. À la 3e personne du singulier, ce *d* se transforme en *t*, d'où *on étein**t***. Il en va de même avec les trois verbes se terminant en *-soudre* (*absoudre, dissoudre, résoudre*), d'où : *le doute se dissou**t***.
résonner : ce verbe s'écrit avec un *é* après le *r*, comme dans *écho*. Attention à ne pas le confondre avec son homophone *raisonner*, qui signifie « faire usage de sa raison, de sa capacité de réflexion ».

Le père Noël en a une dure !

Ce soir, c'est l'effervescence chez Crédit Gère, agence bancaire de renommée locale. Pour le traditionnel gueuleton de Noël, Brigitte, la directrice, a commandé moult hors-d'œuvre : toasts de saumon gravlax sur lit de tzatziki, ballotins de foie gras au chutney de poire, verrines d'œufs de lump à la crème citronnée..., bref, de quoi faire bonne chère ! Alors que l'on s'agglutine devant le buffet, Brigitte trépigne, tressaute, piaffe d'impatience. La surprise qu'elle a organisée pour ses collaborateurs devrait arriver incessamment. Dring ! Brigitte ouvre l'huis, enfin, lui ouvre : c'est le père Noël !

D'aucuns s'étonnent qu'il n'ait pas de barbe, mais comme il distribue quelque trente présents joliment emballés, il convainc chacun. On éteint alors quelques lampes, recouvre des abat-jour et une musique sensuelle se met à résonner dans les haut-parleurs. Notre père Noël prend des poses lascives et se dévêt petit à petit jusqu'à ne garder que son string pailleté. Son parfum de vétiver **enivrant** et **volatil** se répand, et le doute dans l'assemblée **se dissout** : Brigitte a bien **évidemment** souhaité réchauffer l'ambiance. On vide les **demi-bouteilles** de champagne posées **çà et là**, tout le monde rit…

Faisant **fi** du **qu'en-dira-t-on**, Brigitte entraîne Jean-Pierre, le chargé d'accueil, dans son bureau. Tous deux titubants, ils **choient à demi** nus sur la moquette **beige clair**. C'est alors que Brigitte entreprend sur la personne de Jean-Pierre une fellation **en bonne et due forme**. Ce dernier, qui n'aime pas être débiteur, lui rend **la pareille sur-le-champ**. Il positionne la croupe de Brigitte au-dessus de sa bouche, et, d'une langue agile, effectue **va-et-vient** et circonvolutions. À l'issue de ce 69, notre directrice ne peut réprimer un orgasme clitoridien de magnitude 7. Encore **toute** haletante, la peau **ansérine**, elle propose à Jean-Pierre de rejoindre les autres.

La fête semble terminée. Soudain, un bruit les interpelle. Sur le canapé de l'entrée, le père Noël est en bonne compagnie : Marie-Claude, à califourchon sur lui, se caresse le clitoris tandis que le **vit** du jeune homme s'enfonce en elle de plus en plus vite. Patricia, face à elle, s'est assise sur la bouche du strip-teaseur dont la langue est si **véloce** qu'elle en perd son souffle, d'autant que Marie-Claude l'attire vers elle, l'embrasse goulûment et se met à pincer habilement ses tétons durcis… « **Apparemment**, ma surprise leur a **plu**, jubile Brigitte. Je les laisse fermer l'agence. »

enivrant : enthousiasmant, exaltant. Ne prend qu'un *n*, comme le verbe *enivrer*.
volatil : cet adjectif, qui prend un *e* final au féminin, qualifie ce qui se vaporise, s'évapore facilement. À ne pas confondre avec le nom *volatile*, qui, lui, désigne un oiseau, en particulier de basse-cour.
demi-bouteilles : placé devant un nom ou un adjectif, auquel il est relié par un trait d'union, *demi* est invariable. Autre exemple : *Ils sont demi-nus*.
çà et là : signifie « ici et là ». C'est la seule expression courante où *çà* est adverbe de lieu (et non pronom) et prend un accent grave. Anciennement, on l'employait dans la locution *venez çà*, c'est-à-dire « venez ici ».
fi : *faire fi de* signifie « mépriser, dédaigner, ignorer ».
qu'en-dira-t-on : comprenez « que dira-t-on de cela ? ». La phrase est devenue un nom composé invariable, qui s'écrit avec trois traits d'union. Pour éviter le hiatus, c'est-à-dire la difficulté à prononcer deux voyelles consécutives, on ajoute un *t* euphonique, encadré par des traits d'union.
choient : verbe *choir* (« tomber »), conjugué à la 3e personne du pluriel du présent de l'indicatif. On retrouve ce verbe au futur dans la célèbre formule « tire la chevillette et la bobinette **cherra** » du *Petit Chaperon rouge*, de Charles Perrault.
à demi : *demi* est toujours invariable dans la locution *à demi*. Autre exemple : *Elle était à demi nue, les jambes à demi ouvertes.*
beige clair : les adjectifs de couleur composés sont invariables. Dans *la moquette beige clair, clair* ne s'accorde pas avec *moquette*. On pourrait dire que la moquette est d'un beige qui est clair.
en bonne et due forme : comme il faut. Cette expression désignait au XVIe siècle la manière d'agir selon les règles convenues. On accorde *bonne* et *due* avec *forme*.
la pareille : et non l'appareil ! *Rendre la pareille*, c'est rendre un traitement tout à fait semblable à celui que l'on a reçu, en bien comme en mal.
sur-le-champ : locution adverbiale qui signifie « immédiatement, tout de suite ». Sans les deux traits d'union, nous nous retrouvons sur un champ (de fleurs ?). Notez que le nom *champ* s'écrit sans *s* au singulier.
va-et-vient : les noms composés de deux verbes sont invariables. Le nom composé *va-et-vient* est issu des verbes *aller* et *venir* et s'écrit avec deux traits d'union.
toute : placé devant un adjectif féminin commençant par une consonne ou un *h* aspiré, qui interdit la liaison et l'élision (***le** halètement* et non *l'halètement*), l'adverbe *tout* s'accorde en genre et en nombre avec l'adjectif qu'il précède. Autres exemples : *toute honteuse* **|** *toute contente*.
ansérine : issu du latin *anser* (« oie »), l'adjectif *ansérin* signifie « qui a un aspect semblable à celui de la peau d'un palmipède, qui a la chair de poule ».
vit : terme ancien qui désigne le pénis. Il vient du latin *vectis* (« levier, barre »).
véloce : adjectif littéraire signifie « qui se déplace très rapidement, avec agilité ».
plu : si les pronoms *me, te, se*, etc. répondent à la question « à qui ? », « à quoi ? », ils sont compléments d'objet indirects (COI). Or, le participe passé ne s'accorde jamais avec le COI. Ici : *La surprise a plu à qui ? À eux (leur).* → *La surprise **leur** a pl**u**.*

COUP DE CHAUD EN CUISINE

Coup de chaud en cuisine

Quelle effervescence dans la cuisine cet[1] après-midi-là ! Anne-Charlotte et Pierre étaient aux cent coups. La cheffe[2], tout comme son second, avait ouï dire qu'un critique des plus exigeants se trouverait dans la salle. Or, cette période était déjà presque entièrement consacrée aux apprêts des repas de fêtes. Les lieus, kales*[3], panais, Saint-Jacques[4] et zestes de yuzu* qu'avait déposés le livreur lors de leur café matutinal trônaient sur les tables de travail en inox. Après qu'Anne-Charlotte eut recouvré ses esprits, elle se ceignit les hanches avec son tablier et ouvrit son livre de recettes à la page quatre-vingt[5].

* [ke(i)l]

* [juzu]

« Les kales sont blanchis, les panais sont cannelés, la sauce aigre-douce est au bain-marie et j'ai assoupli la volaille. » Pierre était le plus efficace des assistants qu'elle eût[6] jamais connus. Et le plus charmant aussi… Tandis que la pression montait en cuisine et en salle (le critique était installé devant moult hors-d'œuvre en attendant le plat principal), Pierre la frôla à maintes reprises. Anne-Charlotte sentit rosir ses joues et poindre en elle un nouvel émoi enivrant*, ce qui n'échappa pas au beau quadragénaire* aux yeux indigo. Celui-ci prit sa main et l'entraîna[7] sans délai dans le cellier.

* [ãnivʀã ; enivʀã]

* [k(w)adʀaʒenɛʀ]

Tout en l'embrassant véhémentement contre l'armoire à épices, Pierre fit sauter les quelque trois boutons du jean d'Anne-Charlotte et s'accroupit pour lui offrir un cunnilingus qui lui laisserait un souvenir immarcescible[8]. Tout en faisant tournoyer sa langue sur son clitoris, il introduisit un doigt, puis deux, dans l'antre incandescent de sa partenaire afin de décupler son plaisir. Anne-Charlotte, qui était déjà en ébullition, eut le sentiment subit de déborder, telle une casserole en proie à un feu trop vif. Une casserole ? déborder ? Ciel ! l'eau des panais !

Encore grisés par cet entracte charnel, la cheffe et son second mitonnèrent les plats de résistance. « Ce n'était qu'un avant-goût[9] », glissa Pierre tout en enfourchant les volailles fermières. Et pendant que les derniers clients savouraient le dessert, en l'occurrence une bûche au grué de cacao, les deux amants remettaient le couvert. Cette fois-ci, Anne-Charlotte put constater que le maître-queux[10] ne l'avait pas flaccide*. Ils s'accouplèrent allongés sur le plan de travail, à califourchon sur une chaise, debout face aux éviers, connurent de multiples orgasmes, dont certains simultanés. C'est en quittant le restaurant à l'aube qu'ils découvrirent dans le journal la nouvelle étoile qu'ils s'étaient vu décerner.

* [flaksid]

VARIANTES ET AUTRES ORTHOGRAPHES ACCEPTÉES :
1. cette. **2.** chef. **3.** kalés (nom francisé) **4.** saint-jacques. **5.** 80. **6.** eut. **7.** entraina. **8.** immarcessible. **9.** avant-gout. **10.** maitre-queux, maître queux, maitre queux.

Coup de chaud en cuisine

Quelle **effervescence** dans la cuisine cet **après-midi-là** ! Anne-Charlotte et Pierre étaient aux **cent** coups. La cheffe, tout comme son second, **avait ouï dire** qu'un critique des plus **exigeants** se trouverait dans la salle. Or, cette période était déjà **presque** entièrement consacrée aux **apprêts** des repas de fêtes. Les **lieus**, **kales**, **panais**, **Saint-Jacques** et zestes de **yuzu** qu'avait **déposés** le livreur lors de leur café **matutinal** trônaient sur les tables de travail en inox. Après qu'Anne-Charlotte **eut recouvré** ses esprits, elle se **ceignit** les hanches avec son tablier et ouvrit son livre de recettes à la page **quatre-vingt**.

« Les kales sont blanchis, les panais sont **cannelés**, la sauce aigre-douce est au bain-marie et j'ai assoupli la volaille. » Pierre était le plus efficace des assistants qu'elle eût jamais **connus**. Et le plus charmant aussi... Tandis que la pression montait en cuisine et en salle (le critique était installé devant **moult hors-d'œuvre** en attendant le plat principal), Pierre la frôla à maintes reprises. Anne-Charlotte sentit rosir ses joues et poindre en elle un nouvel émoi **enivrant**, ce qui n'échappa pas au beau quadragénaire aux yeux **indigo**. Celui-ci prit sa main et l'entraîna sans **délai** dans le cellier.

Tout en l'embrassant **véhémentement** contre l'armoire à épices, Pierre fit sauter les quelque trois boutons du jean d'Anne-Charlotte et s'accroupit pour lui offrir un cunnilingus qui lui laisserait un souvenir immarcescible. Tout en faisant tournoyer sa langue sur son clitoris, il introduisit un doigt, puis deux, dans l'antre incandescent de sa partenaire afin de décupler son plaisir. Anne-Charlotte, qui était déjà en ébullition, eut le sentiment subit de déborder, telle une casserole en proie à un feu trop vif. Une casserole ? déborder ? Ciel ! l'eau des panais !

Encore grisés par cet entracte charnel, la cheffe et son second mitonnèrent les plats de résistance. « Ce n'était qu'un avant-goût », glissa Pierre tout en enfourchant les volailles fermières. Et pendant que les derniers clients savouraient le dessert, en l'occurrence une bûche au grué de cacao, les deux amants remettaient le couvert. Cette fois-ci, Anne-Charlotte put constater que le maître-queux ne l'avait pas flaccide. Ils s'accouplèrent allongés sur le plan de travail, à califourchon sur une chaise, debout face aux éviers, connurent de multiples orgasmes, dont certains simultanés. C'est en quittant le restaurant à l'aube qu'ils découvrirent dans le journal la nouvelle étoile qu'ils s'étaient vu décerner.

effervescence : au sens figuré, agitation, émotion vive mais passagère.
après-midi-là : employé avec un adjectif démonstratif (*ce, cette, ces*), l'adverbe de lieu *là* permet d'insister sur un moment précis. Il est séparé du nom par un trait d'union.
cent : dans l'expression « être aux cent coups » qui signifie « être très inquiet, pressé par le temps », *cent* est au singulier, car il n'y a qu'une centaine.
avait : verbe *avoir* conjugué en accord avec son sujet, *la cheffe*. Le groupe de mots *tout comme son second,* placé entre virgules, est une comparaison pouvant être déplacée.
ouï dire : *ouïr* signifiant « entendre », *ouïr dire* signifie, en toute logique, « entendre dire ». On ne met un trait d'union entre *ouï* et *dire* que dans le nom composé un *ouï-dire* (même sens qu'un *on-dit*).
exigeants : l'adjectif *exigeant* se termine par *-ant,* contrairement au nom *exigence*. Autre point important : les adjectifs qui suivent la locution *des plus* sont toujours au pluriel.
presque : l'adverbe *presque* ne s'élide jamais, sauf dans le nom *presqu'île*.
apprêts : ce nom masculin pluriel, d'emploi littéraire, désigne les préparatifs, la préparation.
lieus : le lieu est un poisson marin des côtes de l'Atlantique. Ce nom prend un *s* au pluriel (*des lieus*), contrairement au *lieu* (l'endroit), auquel il faut ajouter un *x* (*des lieux*).
kales : *kale* est un nom anglais qui désigne une variété de chou frisé appréciée pour ses qualités nutritives.
panais : un panais est une plante potagère dont la racine blanche, odorante et charnue est comestible.
Saint-Jacques : nom féminin invariable désignant un mollusque à la chair appréciée.
yuzu : nom japonais désignant un fruit comestible de forme sphérique, jaune et à gros pépins.
déposés : le participe passé s'accorde avec le complément d'objet direct (COD)* si celui-ci est placé avant le verbe. *Le COD répond à la question « quoi ? » ou « qui ? ». Ici : *Le livreur avait déposé quoi ? Les lieus, kales... (que).* → *Les lieus, kales...* ***que*** *le livreur avait dépos****és****.*
matutinal : adjectif littéraire signifiant « qui appartient au matin ». Il correspond au plus courant *matinal*.
eut recouvré : verbe *recouvrer* conjugué au passé antérieur, temps de l'indicatif. En effet, le verbe qui suit la locution *après que* est traditionnellement conjugué à l'indicatif, mode du réel. Quant à *recouvrer*, d'usage littéraire, il signifie « entrer en possession d'une chose que l'on avait perdue ».
ceignit : le verbe *ceindre*, d'emploi littéraire, signifie « entourer sa tête, une partie de son corps ».
quatre-vingt : employés comme adjectifs numéraux ordinaux, par abréviation pour *vingtième* et *centième, vingt* et *cent* sont invariables. Autres exemples : *les années quatre-vingt* **I** *le numéro deux cent* (de la rue, par exemple) **I** *le kilomètre sept cent*, etc.
cannelés : le participe passé du verbe *canneler,* qui, issu du mot *canne*, « tuyau », signifie « orner de cannelures ». On pourrait dire *orner de rainures*.
connus : le participe passé *connus* s'accorde avec *assistants* au masculin pluriel. Ici, l'on sous-entend : *parmi tous les assistants qu'elle a connus, Pierre est le plus efficace.*
moult : terme ancien signifiant « beaucoup, très ». Comme tous les adverbes, il est invariable.
hors-d'œuvre : nom composé invariable désignant un plat froid ou chaud servi au début du repas.
enivrant : synonyme d'enthousiasmant, exaltant. Il ne prend qu'un *n*, tout comme *enivrer* et *enivrement.*
indigo : les adjectifs de couleur issus d'un nom commun sont en général invariables. Ici, les yeux de Pierre sont de la couleur de l'indigo, un colorant bleu foncé extrait de plantes.
délai : pas de *s* à ce nom lorsqu'il est au singulier, tout comme *balai*. Traditionnellement, *relai(s)* en prend un, mais ce *s* est devenu facultatif depuis les rectifications orthographiques de 1990.
véhémentement : adverbe signifiant « de manière véhémente », c'est-à-dire avec emportement, fougue, passion...

Coup de chaud en cuisine

Quelle effervescence dans la cuisine cet après-midi-là ! Anne-Charlotte et Pierre étaient aux cent coups. La cheffe, tout comme son second, avait ouï dire qu'un critique des plus exigeants se trouverait dans la salle. Or, cette période était déjà presque entièrement consacrée aux apprêts des repas de fêtes. Les lieus, kales, panais, Saint-Jacques et zestes de yuzu qu'avait déposés le livreur lors de leur café matutinal trônaient sur les tables de travail en inox. Après qu'Anne-Charlotte eut recouvré ses esprits, elle se ceignit les hanches avec son tablier et ouvrit son livre de recettes à la page quatre-vingt.

« Les kales sont blanchis, les panais sont cannelés, la sauce aigre-douce est au bain-marie et j'ai assoupli la volaille. » Pierre était le plus efficace des assistants qu'elle eût jamais connus. Et le plus charmant aussi… Tandis que la pression montait en cuisine et en salle (le critique était installé devant moult hors-d'œuvre en attendant le plat principal), Pierre la frôla à maintes reprises. Anne-Charlotte sentit rosir ses joues et poindre en elle un nouvel émoi enivrant, ce qui n'échappa pas au beau quadragénaire aux yeux indigo. Celui-ci prit sa main et l'entraîna sans délai dans le cellier.

Tout en l'embrassant véhémentement contre l'armoire à épices, Pierre fit sauter les **quelque** trois boutons du jean d'Anne-Charlotte et **s'accroupit** pour lui offrir un **cunnilingus** qui lui laisserait un souvenir **immarcescible**. Tout en faisant tournoyer sa langue sur son clitoris, il introduisit un doigt, puis deux, dans l'**antre incandescent** de sa partenaire afin de décupler son plaisir. Anne-Charlotte, qui était déjà en ébullition, **eut** le sentiment **subit** de déborder, **telle** une casserole **en proie** à un feu trop vif. Une casserole ? **déborder** ? Ciel ! l'eau des panais !

Encore **grisés** par cet **entracte charnel**, la cheffe et son second **mitonnèrent** les plats de résistance. « Ce n'était qu'un avant-goût », glissa Pierre tout en enfourchant les volailles fermières. Et pendant que les derniers clients savouraient le dessert, **en l'occurrence** une bûche au **grué** de cacao, les deux amants remettaient le couvert. Cette fois-ci, Anne-Charlotte put constater que le **maître-queux** ne l'avait pas **flaccide**. Ils s'accouplèrent allongés sur le plan de travail, à califourchon sur une chaise, debout face aux éviers, connurent de multiples orgasmes, dont certains simultanés. C'est en quittant le restaurant à l'aube qu'ils découvrirent dans le journal la nouvelle étoile qu'ils s'étaient **vu** décerner.

quelque : lorsque *quelque* est synonyme d'*environ*, il devient adverbe et s'écrit toujours au singulier. Ici : *quelque trois boutons = environ trois boutons.*

s'accroupit : avec deux *c*. Littéralement, ce verbe pronominal signifie « s'asseoir sur la croupe », en réalité sur les talons.

cunnilingus : du latin *cunnus* (« con ») et *linctus* (« lécher »). Le *con* désigne le sexe de la femme.

immarcescible : signifie « qui ne peut se flétrir » et par extension « éternel, qui ne peut se modifier ». On parle d'*une gloire immarcescible, d'un souvenir immarcescible*.

antre : ici, l'*antre* d'Anne-Charlotte a beau se situer *entre* ses jambes, il s'écrit bien avec un *a* et désigne une caverne, une grotte et, en anatomie, une cavité.

incandescent : signifie « rouge vif, d'une chaleur intense » et aussi « plein d'ardeur, d'exaltation ».

eut : le verbe *avoir* est ici conjugué au passé simple à la 3e personne du singulier. Il s'agit de l'indicatif, mode du réel, car l'action a bien eu lieu. L'écrire avec un accent circonflexe sur le *u* reviendrait à le conjuguer au subjonctif, mode de l'irréel.

subit : cet adjectif, qui donne *subite* au féminin, signifie « soudain ». Sans *t*, *subi* (*subie* au féminin) est le participe passé de *subir*. Ici, il s'agit bien d'un coup de barre soudain, donc *subit* !

telle : lorsque *tel* est épithète, il se place devant le nom et s'accorde avec lui.

en proie : c'est bien le nom *proie* qui entre dans l'expression *être en proie à quelque chose*, autrement dit « être absorbé par un sentiment violent, être sous l'empire de quelque chose ».

déborder : c'est bien le verbe à l'infinitif qui est attendu ici, car on sous-entend que la casserole est en train de déborder.

grisés : le participe passé du verbe *griser*, qui signifie « être dans un état d'exaltation, d'excitation des sens », est ici accordé avec le sujet *la cheffe et son second*, donc au masculin pluriel.

entracte : le nom masculin est, au théâtre, l'espace de temps qui sépare deux actes. Ce mot est soudé, comme presque tous les mots commençant par *entra-*. Deux exceptions toutefois : *s'entr'aimer* et *(s') entr'apercevoir*, qui peut, d'ailleurs, aussi s'écrire *(s')entrapercevoir*.

charnel : s'accorde avec le nom masculin *entracte*, ici au singulier.

mitonnèrent : le verbe *mitonner*, avec un *t* et deux *n*, est ici conjugué à la 3e personne du pluriel du passé simple. Il signifie « faire mijoter un aliment » et, plus largement, « préparer quelque chose peu à peu, avec soin, en vue d'un résultat ».

en l'occurrence : une *occurrence*, qui s'écrit avec deux *c* et deux *r*, est un événement qui se produit d'une manière imprévue. *En l'occurrence* signifie « dans ce cas précis ».

grué : éclat de fève de cacao torréfiée puis concassée, utilisé en cuisine et en pâtisserie. Autre exemple : *du foie gras mi-cuit au grué de cacao.*

maître-queux : le mot *queux*, issu du latin *coquus* ou *cocus* (« cuisinier ») lui-même issu de *coquere* (« cuire ou faire cuire »), n'apparaît que dans le nom *maître-queux*, c'est-à-dire le chef de cuisine, le cuisinier, employé le plus souvent aujourd'hui par plaisanterie.

flaccide : qui manque de fermeté, mou. On pourrait dire aussi *flasque*. La flaccidité est plus spécifiquement l'état de certains organes érectiles, quand ils ne sont pas remplis de sang.

vu : pour savoir s'il faut accorder le participe passé suivi d'un infinitif ou d'un participe présent avec le COD placé avant le verbe (ici, *la nouvelle étoile*), il faut se demander si c'est bien ce COD qui fait l'action exprimée par le verbe à l'infinitif. Est-ce la nouvelle étoile qui fait l'action de décerner ? Non. Dans ce cas, on n'accorde pas le participe passé.

LAISSE LES FRIVOLES
À VENISE

Laisse les frivoles à Venise

Installée confortablement dans l'un des fauteuils ocre de sa suite Istanbul, Diane, une magnifique quinquagénaire aux cheveux blanc-gris, s'apprête à vivre une expérience des plus euphorisantes. Combien de fois s'est-elle imaginée se rendant au carnaval de Venise à bord de l'*Orient-Express* ? À dix-neuf heures précises, on l'accueille dans la voiture-bar où elle déguste un Dom Pérignon, les paupières à demi closes. Un bruit subit interrompt ce moment de félicité. « Vous savez à qui vous avez affaire ? Je subodore que non, 9 degrés[1] pour le champagne, allons ! » Diane ouvre un œil et reconnaît[2] Vladimir Azarov, l'abhorré banquier dont on lui a maintes fois parlé. Elle demande sur-le-champ qu'on lui apporte son dîner[3] dans sa suite.

Quelque quatre heures plus tard, le doux roulis a raison d'elle, Diane s'endort… et Vladimir s'invite dans son rêve. Ils sont tous deux dévêtus, lui allongé sur le ventre, elle étendue sur lui. Ses seins généreux titillent son dos musculeux. Elle dépose moult baisers sur sa chair aux effluves musqués et parcourt de sa langue sa colonne vertébrale. Elle le sent frémir. Ses doigts s'aventurent vers ses fesses, il se raidit. Diane s'éveille alors que le train entre en gare de Santa Lucia*.

* [lysja] ; [lutʃja]

Elle décide de déambuler dans le dédale des rues de la Sérénissime, en quête d'un masque orné de strass et de plumes ébène pour la soirée à venir. C'est vêtue d'une robe chamarrée de gaze d'argent qu'elle pousse l'huis d'un hôtel particulier jouxtant le palais des Doges. Tandis qu'elle s'avance pianissimo parmi les libertins qui s'encanaillent incognito, des mains l'agrippent et l'entraînent[4] dans une alcôve. Comment ne pas succomber aux baisers et aux caresses qu'elle se voit prodiguer tous azimuts ? Alors qu'une femme alliciante lèche et suçote les tétons de ses seins piriformes, un jeune homme soulève son jupon de tulle et lui claque l'arrière-train, ce qui la fait tressaillir de plaisir. Tout excitée, Diane se cambre davantage pour offrir son œillet délicat, que l'adonis comble d'attention[5]. *Mamma mia !*

Ce dernier est près de la pénétrer lorsqu'il marche inconsciemment sur le pied d'un autre homme, qui porte un masque de la Commedia[6] dell'arte*. « Vous savez à qui vous avez affaire ? Je subodore que non, écraser de tels souliers, allons ! » Diane fait volte-face, retire son escarpin et le lui plante sous le menton. « À nous deux, M. Azarov ! » lui susurre-t-elle d'une voix concupiscente…

* [kɔmedjadɛlaʀte] ; [kɔmedjadɛlaʀt]

VARIANTES ET AUTRES ORTHOGRAPHES ACCEPTÉES :
1. °C. **2.** reconnait. **3.** diner. **4.** entrainent. **5.** attentions. **6.** commedia.

Laisse les frivoles à Venise

Installée confortablement dans l'un des fauteuils **ocre** de sa suite Istanbul, Diane, une magnifique **quinquagénaire** aux cheveux **blanc-gris**, s'apprête à vivre une expérience des plus **euphorisantes**. Combien de fois s'est-elle **imaginée** se rendant au carnaval de Venise à bord de l'*Orient-Express* ? À dix-neuf heures **précises**, on l'accueille dans la voiture-bar où elle déguste un **Dom Pérignon**, les paupières **à demi** closes. Un bruit **subit interrompt** ce moment de félicité. « Vous savez à qui vous avez **affaire** ? Je **subodore** que non, 9 degrés pour le champagne, allons ! » Diane ouvre un œil et reconnaît Vladimir Azarov, l'**abhorré** banquier dont on lui a **maintes** fois parlé. Elle demande **sur-le-champ** qu'on lui apporte son dîner dans sa suite.

Quelque quatre heures plus tard, le doux **roulis** a raison d'elle, Diane s'endort… et Vladimir s'invite dans son rêve. Ils sont tous deux dévêtus, lui allongé sur le ventre, elle étendue sur lui. Ses seins généreux titillent son dos musculeux. Elle dépose **moult** baisers sur sa chair aux effluves **musqués** et parcourt de sa langue sa colonne vertébrale. Elle le sent frémir. Ses doigts s'aventurent vers ses fesses, il se raidit. Diane s'éveille alors que le train entre en gare de Santa Lucia.

Elle décide de déambuler dans le dédale des rues de la **Sérénissime**, en quête d'un masque orné de strass et de plumes ébène pour la soirée à venir. C'est vêtue d'une robe chamarrée de gaze d'argent qu'elle pousse l'huis d'un hôtel particulier jouxtant le palais des Doges. Tandis qu'elle s'avance pianissimo parmi les libertins qui s'encanaillent incognito, des mains l'agrippent et l'entraînent dans une alcôve. Comment ne pas succomber aux baisers et aux caresses qu'elle se voit prodiguer tous azimuts ? Alors qu'une femme alliciante lèche et suçote les tétons de ses seins piriformes, un jeune homme soulève son jupon de tulle et lui claque l'arrière-train, ce qui la fait tressaillir de plaisir. Tout excitée, Diane se cambre davantage pour offrir son œillet délicat, que l'adonis comble d'attention. *Mamma mia !*

Ce dernier est près de la pénétrer quand il marche inconsciemment sur le pied d'un autre homme, qui porte un masque de la Commedia dell'arte. « Vous savez à qui vous avez affaire ? Je subodore que non, écraser de tels souliers, allons ! » Diane fait volte-face, retire son escarpin et le lui plante sous le menton. « À nous deux, M. Azarov ! » lui susurre-t-elle d'une voix concupiscente…

ocre : les adjectifs de couleur issus d'un nom commun sont en général invariables. Ici, les *fauteuils ocre* sont en fait de la couleur de l'ocre (un colorant naturel jaune, brun ou rouge).
quinquagénaire : et non cinquantenaire ! Un ou une quinquagénaire a un âge compris entre 50 et 59 ans. *Cinquantenaire* signifie « qui dure cinquante ans ». De même, *quadragénaire* et *sexagénaire,* et non *quarantenaire* et *soixantenaire.*
blanc-gris : lorsqu'un adjectif est composé de deux adjectifs de couleur, il est invariable et les deux éléments sont reliés par un trait d'union. Autre exemple : *des lagons bleu-vert.*
euphorisantes : les adjectifs qui suivent la locution *des plus* sont toujours au pluriel.
imaginée : pour savoir s'il faut accorder le participe passé suivi d'un infinitif ou d'un participe présent avec le COD placé avant le verbe (ici, *elle* pour Diane), il faut se demander si c'est bien ce COD qui fait l'action exprimée par le verbe à l'infinitif. Est-ce Diane qui fait l'action de s'imaginer ? Oui. Dans ce cas, on accorde.
précises : s'accorde avec le nom féminin *heure,* ici au pluriel. De même : *trois heures tapantes.*
Dom Pérignon : dom Pierre Pérignon était un bénédictin qui trouva un procédé qui permettait d'obtenir à coup sûr une mousse régulière dans la fabrication du champagne. Le vin porte le nom Dom Pérignon, qui s'écrit avec deux majuscules.
à demi : *demi* est toujours invariable dans la locution *à demi.* Autres exemples : *Elle était à demi nue, les jambes à demi ouvertes.*
subit : cet adjectif, qui donne *subite* au féminin, signifie « soudain ». Sans *t, subi* (*subie* au féminin) est le participe passé de *subir.* Ici, il s'agit bien d'un bruit soudain (donc *subit*) !
interrompt : les verbes qui se terminent par *-pre* (*rompre, corrompre* et *interrompre*) se conjuguent ainsi au présent : *je rom**ps** / corrom**ps** /interrom**ps** I tu rom**ps** /corrom**ps** / interrom**ps** I il, elle, on rom**pt** / corrom**pt** / interrom**pt**.*
affaire : dans l'expression *avoir affaire* (à quelqu'un ou à quelque chose), on emploie bien le nom commun *affaire. Avoir à faire* signifie « avoir quelque chose à faire/effectuer ».
subodore : *subodorer* signifie « pressentir, se douter ». Ce verbe vient des mots latins *sub* et *odorari* (« sentir »).
abhorré : *abhorrer* signifie « détester, haïr », et même « avoir en horreur ». Ce verbe est de la même famille que *horreur* et *horrifier.*
maintes : l'adjectif *maint,* qui signifie « plusieurs, un grand nombre de », s'accorde avec le nom qu'il qualifie (ici, *fois*), d'où *maintes fois.*
sur-le-champ : locution adverbiale qui signifie « immédiatement, tout de suite ». Sans les deux traits d'union, nous nous retrouvons sur un champ (de fleurs ?). Notez que le nom *champ* s'écrit sans *s* au singulier.
quelque : lorsque *quelque* est synonyme d'*environ,* il devient adverbe et s'écrit toujours au singulier. Ici : *quelque quatre heures = environ quatre heures.*
roulis : balancement, oscillation qui vient de *roulement.* Au départ, il désignait exclusivement le mouvement d'oscillation que prend un navire sous l'effet de la houle.
moult : adverbe ancien signifiant « beaucoup, très ». Il est invariable, d'où *moult baisers.*
musqués : s'accorde avec le nom masculin *effluves,* ici au pluriel.
Sérénissime : aux XVe et XVIe siècles, la République de Venise portait le titre de « la sérénissime République ». De nos jours, on utilise le surnom la Sérénissime pour désigner Venise.

Laisse les frivoles à Venise

Installée confortablement dans l'un des fauteuils ocre de sa suite Istanbul, Diane, une magnifique quinquagénaire aux cheveux blanc-gris, s'apprête à vivre une expérience des plus euphorisantes. Combien de fois s'est-elle imaginée se rendant au carnaval de Venise à bord de l'*Orient-Express* ? À dix-neuf heures précises, on l'accueille dans la voiture-bar où elle déguste un Dom Pérignon, les paupières à demi closes. Un bruit subit interrompt ce moment de félicité. « Vous savez à qui vous avez affaire ? Je subodore que non, 9 degrés pour le champagne, allons ! » Diane ouvre un œil et reconnaît Vladimir Azarov, l'abhorré banquier dont on lui a maintes fois parlé. Elle demande sur-le-champ qu'on lui apporte son dîner dans sa suite.

Quelque quatre heures plus tard, le doux roulis a raison d'elle, Diane s'endort… et Vladimir s'invite dans son rêve. Ils sont tous deux dévêtus, lui allongé sur le ventre, elle étendue sur lui. Ses seins généreux titillent son dos musculeux. Elle dépose moult baisers sur sa chair aux effluves musqués et parcourt de sa langue sa colonne vertébrale. Elle le sent frémir. Ses doigts s'aventurent vers ses fesses, il se raidit. Diane s'éveille alors que le train entre en gare de Santa Lucia.

Elle décide de déambuler dans le dédale des rues de la Sérénissime, en quête d'un masque orné de strass et de plumes **ébène** pour la soirée à venir. C'est vêtue d'une robe **chamarrée** de **gaze** d'argent qu'elle pousse **l'huis** d'un hôtel particulier jouxtant le palais des Doges. Tandis qu'elle s'avance pianissimo parmi les libertins qui s'encanaillent **incognito**, des mains l'**agrippent** et l'entraînent dans une alcôve. Comment ne pas succomber aux baisers et aux caresses qu'elle se voit prodiguer **tous azimuts** ? Alors qu'une femme **alliciante** lèche et suçote les **tétons** de ses seins **piriformes**, un jeune homme soulève son jupon de **tulle** et lui claque l'**arrière-train**, ce qui la fait tressaillir de plaisir. **Tout** excitée, Diane se cambre davantage pour offrir son **œillet** délicat, que l'**adonis** comble d'attention. *Mamma mia !*

Ce dernier est **près** de la pénétrer quand il marche inconsciemment sur le pied d'un autre homme, qui porte un masque de la Commedia dell'arte. « Vous savez à qui vous avez affaire ? Je subodore que non, écraser de tels souliers, allons ! » Diane fait **volte-face**, retire son escarpin et le lui plante sous le menton. « À nous deux, **M.** Azarov ! » lui **susurre-t-elle** d'une voix **concupiscente**…

ébène : les adjectifs de couleur issus d'un nom commun sont en général invariables. Ici, *les plumes ébène* sont noires comme le bois d'ébène.
chamarrée : *chamarrer un vêtement*, c'est le rehausser d'ornements aux couleurs éclatantes. *Un vêtement chamarré* est donc un habit bariolé, multicolore.
gaze : tissu léger de soie, de lin ou de laine, à armure complexe, à fils sinueux.
l'huis : hérité de l'ancien français, un *huis* est une porte. On le retrouve dans *huisserie* et *huissier* (littéralement « gardien d'une porte »). Le *h* de *huis* est muet, on écrit donc ***l'****huis* et non *le huis*.
incognito : en italien, le terme signifie « inconnu ». En français, on ne l'utilise en tant qu'adverbe que pour dire « en faisant en sorte de ne pas être reconnu ».
agrippent : vient de *gripper*, qui s'écrit également avec deux *p*. Ce verbe d'autrefois signifie « attraper, saisir ».
tous azimuts : par tous les moyens et avec les objectifs les plus variés. En astronomie, l'azimut est l'angle formé par le plan vertical d'un astre et le plan méridien du lieu.
alliciante : cet adjectif littéraire s'emploie surtout au féminin. Il signifie « qui séduit, aguiche ».
tétons : pas d'accent circonflexe, mais un accent aigu sur le *e* de *téton*. Et pour cause, le mot est de la même famille que *tétine* et *téter*, et non *tête* !
piriformes : du latin *pirum* (« poire »). En forme de poire.
tulle : tissu léger, formé d'un réseau de mailles rondes ou polygonales.
arrière-train : partie postérieure du corps d'un quadrupède, d'un véhicule et... d'un être humain. Ce sont les fesses, tout simplement !
tout : placé devant un adjectif masculin ou féminin commençant par un *e* ou un *h* muet, l'adverbe *tout* est invariable.
œillet : joli nom de fleur qui désigne en argot... l'anus !
adonis : un *adonis* est une statue représentant Adonis, héros de la mythologie grecque célèbre pour sa beauté. Par extension, un *adonis* est un très beau jeune homme.
près : dans la locution *près de*, qui signifie « sur le point de », c'est l'adverbe *près* (et non *prêt*) qui est employé. Cette expression est à distinguer de *prêt à* (« disposé à »).
volte-face : nom composé féminin invariable qui désigne « l'action de se retourner pour faire face ».
M. : on utilise la forme abrégée de *monsieur* devant le nom, le prénom, le titre ou la qualité de quelqu'un dont on parle et la forme pleine dans tous les autres cas. L'abrégé de *monsieur* est *M.* et non *Mr*, qui est l'ancienne forme recommandée et aussi l'abrégé de l'anglais *Mister*.
susurre-t-elle : avec un *s* et deux *r*. Bien que placé entre deux voyelles (ici, deux *u*), le second *s* se prononce [s] et non [z]. *Susurrer* est donc une exception, tout comme *vraisemblable* et ses dérivés, ou encore *primesautier, resaler, resituer, resalir, tournesol*. De plus, pour éviter le hiatus, c'est-à-dire la difficulté à prononcer deux voyelles consécutives, on ajoute un *t* euphonique, encadré par des traits d'union.
concupiscente : qui éprouve de la concupiscence, qui est attaché aux plaisirs sensuels. Plusieurs adjectifs des *Dictées coquines* se terminent par *-scent* : *effervescent* **|** *érubescent* **|** *incandescent* **|** *turgescent*...

LA CROISIÈRE S'ASSUME

La croisière s'assume

Dans la cabine quatre-vingt[1] du *Bellissime*, un yacht proposant des croisières en Méditerranée pour voyageurs huppés*, Garance était assise sur Charles, négligemment étendu sur le lit. Elle comptait bien rentabiliser les trois cent cinquante euros[2] que sa nouvelle guêpière, ornée de perles et de guipure[3] Colbert, lui avait coûté. Dos à son partenaire, et accessoirement son mari depuis quelque dix ans, elle montait et levait son séant accueillant. En dépit de cette vue que d'aucuns auraient trouvée indécente, d'autres incandescente, le vit* de Charles demeurait flaccide*. Garance en était marrie. « J'espérais que cette croisière te détende, jamais je n'eusse cru qu'elle te détendît à ce point », se désola-t-elle.

* ['ype]

* [vi]

* [flaksid]

* [k(w)adʁaʒenɛʁ]

Une heure et demie plus tard, le couple rejoignit Amaury et son épouse, Alix. Amaury et Charles s'étaient rencontrés au lycée Louis-le-Grand et ne s'étaient plus quittés. Pendant le dîner[4], les quadragénaires* devisèrent plaisamment. Amaury révéla que deux anciens magnoludoviciens* que Charles et lui avaient côtoyés jadis s'étaient récemment dit oui devant M. le maire. « Quelle idée insensée ! » lança Alix, la plus traditionaliste du quatuor. Garance ne put qu'acquiescer. Charles, lui, resta coi. Que pouvait-il bien penser en son for intérieur ?

* [magnolydɔvisjɛ̃ ; maɲolydɔvisjɛ̃]

Le lendemain, dès potron-minet, Charles et Amaury quittèrent le bateau pour s'essayer au kitesurf tandis que leurs épouses profitaient d'un massage ayurvédique. Une demi-heure après que le stage se fut terminé et les cerfs-volants furent déposés, les deux hommes au teint éburné se reposaient derrière les dunes. « Peux-tu m'étaler de la crème dans le dos ? » demanda Amaury. Les mains de Charles étaient d'une douceur sans pareille et sa sensualité telle qu'Amaury fut instantanément bouleversé. Charles le perçut et s'attarda sur le bas de son dos. Amaury se retourna et attira Charles vers lui pour lui offrir un baiser des plus lascifs. Tandis qu'Amaury haletait et mordillait les tétons de Charles, celui-ci lui susurra : « Tu as été l'objet de nombre de mes fantasmes, l'avais-tu deviné ? » Amaury descendit ses lèvres vers le sexe de Charles, enfin turgescent, et le prit en bouche comme s'il s'était maintes fois exercé. L'orgasme qui s'ensuivit fut d'une intensité ineffable.

Deux ans plus tard, le 14 février 2022, devant une Garance tout émue et moult témoins, le maire du 16e[5] arrondissement de Paris prononça à l'attention de Charles et d'Amaury la formule consacrée : « Vous pouvez embrasser le marié ! »

VARIANTES ET AUTRES ORTHOGRAPHES ACCEPTÉES :
1. 80. **2.** 350 euros, 350 €. **3.** guipures. **4.** diner.
5. XVIe, seizième.

La croisière s'assume

Dans la cabine **quatre-vingt** du *Bellissime*, un yacht proposant des croisières en Méditerranée pour voyageurs **huppés**, Garance était assise sur Charles, **négligemment** étendu sur le lit. Elle comptait bien rentabiliser les trois **cent** cinquante **euros** que sa nouvelle guêpière, ornée de perles et de **guipure Colbert**, lui avait **coûté**. Dos à son partenaire – et accessoirement son mari depuis **quelque** dix ans, elle montait et levait son séant accueillant. En dépit de cette vue que **d'aucuns auraient trouvée indécente**, d'autres **incandescente**, le **vit** de Charles demeurait **flaccide**. Garance en était **marrie**. « J'espérais que cette croisière te détende, jamais je n'**eusse cru** qu'elle te **détendît** à ce point », **se désola-t-elle**.

Une heure et **demie** plus tard, le couple rejoignit Amaury et son épouse, Alix. Amaury et Charles s'étaient **rencontrés** au lycée Louis-le-Grand et ne s'étaient plus **quittés**. Pendant le dîner, les quadragénaires devisèrent **plaisamment**. Amaury révéla que deux anciens **magnoludoviciens** que Charles et lui avaient **côtoyés** jadis s'étaient récemment dit oui devant M. le maire. « Quelle idée insensée ! » lança Alix, la plus traditionaliste du quatuor. Garance ne put qu'acquiescer. Charles, lui, resta coi. Que pouvait-il bien penser en son for intérieur ?

Le lendemain, dès potron-minet, Charles et Amaury quittèrent le bateau pour s'essayer au kitesurf tandis que leurs épouses profitaient d'un massage ayurvédique. Une demi-heure après que le stage se fut terminé et les cerfs-volants furent déposés, les deux hommes au teint éburné se reposaient derrière les dunes. « Peux-tu m'étaler de la crème dans le dos ? » demanda Amaury. Les mains de Charles étaient d'une douceur sans pareille et sa sensualité telle qu'Amaury fut instantanément bouleversé. Charles le perçut et s'attarda sur le bas de son dos. Amaury se retourna brusquement et attira Charles vers lui pour lui offrir un baiser des plus lascifs. Tandis qu'Amaury haletait et mordillait les tétons de Charles, celui-ci lui susurra : « Tu as été l'objet de nombre de mes fantasmes, l'avais-tu deviné ? » Amaury descendit ses lèvres vers le sexe de Charles, enfin turgescent, et le prit en bouche comme s'il s'était maintes fois exercé. L'orgasme qui s'ensuivit fut d'une intensité ineffable.

Deux ans plus tard, le 14 février 2022, devant une Garance tout émue et moult témoins, le maire du 16e arrondissement de Paris prononça à l'attention de Charles et d'Amaury la formule consacrée : « Vous pouvez embrasser le marié ! »

quatre-vingt : employés comme adjectifs numéraux ordinaux, par abréviation pour *vingtième* et *centième*, *vingt* et *cent* sont invariables. Autres exemples : *les années quatre-vingt* **I** *le kilomètre sept cent.*
huppés : l'adjectif *huppé* signifie « d'un rang social élevé » et « qui est riche ». Il commence par un *h* dit « aspiré » et qui interdit la liaison.
négligemment / plaisamment : adverbes de manière. On retrouve le radical de l'adjectif auquel on ajoute *-ment* (« de manière »). Comme le *n* ne peut précéder le *m*, on le change en *m*. Ici : *négligent + ment* → *négligem**m**ent.* **I** *plaisant + ment* → *plaisa**m**ment.*
cent : les adjectifs numéraux *cent* et *vingt* ne portent la marque du pluriel que lorsqu'ils sont multipliés et qu'ils sont les derniers adjectifs du nombre. Exemples : *quatre-vingts,* mais *quatre-vingt-trois.*
euros : en tant que nom commun, *euro* prend la marque du pluriel et commence par un *e* minuscule. Il n'y a que sur les billets que le nom *euro* est invariable.
guipure Colbert : ou point Colbert. Dentelle à l'aiguille imitant, à l'origine, le point de Venise.
coûté : les participes passés de certains verbes intransitifs demeurent invariables, car ils sont complétés par un complément circonstanciel (de temps, de prix, de quantité, etc.) et non par un COD. Ici : *La guêpière lui a coûté* ***combien*** (et non *quoi*) *?*
quelque : lorsque *quelque* est synonyme d'*environ,* il devient adverbe et s'écrit toujours au singulier.
d'aucuns auraient : le pronom indéfini pluriel d'*aucuns*, d'usage littéraire et signifiant « certaines personnes » est toujours suivi du pluriel.
trouvée : le participe passé s'accorde avec le complément d'objet direct (COD)* si celui-ci est placé avant le verbe. *Le COD répond à la question « quoi ? » ou « qui ? ». Ici : *Ils auraient trouvé indécente quoi ? La tenue (qu').* → *La tenue* ***qu'****ils auraient trouv**ée** indécente.*
indécente : vient du latin *indecens,* composé de *in-* et de *decens*, « seyant ». Il signifie « qui est contraire à la décence, à ce qui convient, notamment en matière sexuelle ».
incandescente : rouge vif, d'une chaleur intense, mais aussi pleine d'ardeur, d'exaltation.
vit : terme ancien qui désigne le pénis. Il vient du latin *vectis* (« levier, barre »).
flaccide : qui manque de fermeté, mou. On pourrait dire aussi *flasque*.
marrie : de l'ancien verbe *marrir* (« affliger »). *Être marri(e)* signifie « être contrit(e), fâché(e), contrarié(e) ».
eusse cru : verbe *croire* au conditionnel passé 2e forme, réservé à un usage littéraire. On peut le remplacer par un conditionnel passé 1re forme dans la langue courante (*je n'aurais cru*).
détendît : le verbe *détendre* est ici conjugué au subjonctif imparfait, car il est question de la négation d'une croyance (*jamais je n'eusse cru).*
se désola-t-elle : pour faciliter la prononciation, on ajoute un *t* euphonique, encadré par des traits d'union, entre le verbe qui se termine par une voyelle et le pronom qui commence par une voyelle.
demie : placé derrière un nom, *demi* peut prendre la marque du féminin, mais jamais celle du pluriel. Autres exemples : *deux mois et demi* **I** *deux heures et demie.*
rencontrés / quittés : si les pronoms *me, te, se,* etc., répondent à la question « quoi ? » ou « qui ? », ils sont compléments d'objet directs (COD). Or, le participe passé s'accorde avec le COD si celui-ci est placé avant le verbe. Ici : *Ils avaient rencontré qui ? Eux (s').* → *Ils* ***s'****étaient rencontr**és**.* **I** *Ils n'avaient plus quitté qui ? Eux (s').* → *Ils ne* ***s'****étaient plus quitt**és**.*
magnoludoviciens : les élèves du lycée Louis-le-Grand sont souvent appelés *magnoludoviciens*, nom plaisamment construit à partir du latin *magnus* (« grand ») et *Ludovicus*, forme latine de *Louis*.
côtoyés : le participe passé s'accorde avec le complément d'objet direct (COD)* si celui-ci est placé avant le verbe. *Le COD répond à la question « quoi ? » ou « qui ? ». Ici : *Ils avaient côtoyé qui ? Deux anciens magnoludoviciens (qu').* → *Deux anciens magnoludoviciens* ***qu'****ils avaient côtoy**és**.*

La croisière s'assume

Dans la cabine quatre-vingt du Bellissime, un yacht proposant des croisières en Méditerranée pour voyageurs huppés, Garance était assise sur Charles, négligemment étendu sur le lit. Elle comptait bien rentabiliser les trois cent cinquante euros que sa nouvelle guêpière, ornée de perles et de guipure Colbert, lui avait coûté. Dos à son partenaire – et accessoirement son mari depuis quelque dix ans, elle montait et levait son séant accueillant. En dépit de cette vue que d'aucuns auraient trouvée indécente, d'autres incandescente, le vit de Charles demeurait flaccide. Garance en était marrie. « J'espérais que cette croisière te détende, jamais je n'eusse cru qu'elle te détendît à ce point », se désola-t-elle.

Une heure et demie plus tard, le couple rejoignit Amaury et son épouse, Alix. Amaury et Charles s'étaient rencontrés au lycée Louis-le-Grand et ne s'étaient plus quittés. Pendant le dîner, les quadragénaires devisèrent plaisamment. Amaury révéla que deux anciens magnoludoviciens que Charles et lui avaient côtoyés jadis s'étaient récemment **dit** oui devant M. le maire. « Quelle idée **insensée** ! » lança Alix, la plus **traditionaliste** du quatuor. Garance ne put qu'acquiescer. Charles, lui, resta **coi**. Que pouvait-il bien penser en son **for** intérieur ?

Le lendemain, **dès potron-minet**, Charles et Amaury quittèrent le bateau pour s'essayer au kitesurf tandis que leurs épouses profitaient d'un massage **ayurvédique**. Une **demi**-heure après que le stage se **fut terminé** et les **cerfs-volants** furent déposés, les deux hommes au teint **éburné** se reposaient derrière les dunes. « Peux-tu m'étaler de la crème dans le dos ? » demanda Amaury. Les mains de Charles étaient d'une douceur **sans pareille** et sa sensualité telle qu'Amaury fut instantanément bouleversé. Charles le perçut et s'attarda sur le bas de son dos. Amaury se retourna brusquement et attira Charles vers lui pour lui offrir un baiser des plus **lascifs**. Tandis qu'Amaury haletait et mordillait les tétons de Charles, celui-ci lui **susurra** : « Tu as été l'objet de **nombre de** mes fantasmes, l'avais-tu deviné ? » Amaury descendit ses lèvres vers le sexe de Charles, enfin **turgescent**, et le prit en bouche comme s'il s'était **maintes** fois exercé. L'orgasme qui **s'ensuivit** fut d'une intensité **ineffable**.

Deux ans plus tard, le 14 février 2022, devant une Garance **tout** émue et **moult** témoins, le maire du 16e arrondissement de Paris prononça à l'attention de Charles et d'Amaury la formule consacrée : « Vous pouvez embrasser le marié ! »

dit : si les pronoms *me, te, se,* etc., répondent à la question « à quoi ? » ou « à qui ? », ils sont compléments d'objet indirects (COI). Or, le participe passé ne s'accorde jamais avec le COI. Ici : *Ils avaient dit « oui » à qui ? À eux (s'). → Ils **s'étaient dit** « oui ».*

insensée : « qui n'est pas sensée », c'est-à-dire « qui n'a pas de sens ou de bon sens ».

traditionaliste : contrairement à *traditionnel*, cet adjectif ne prend qu'un *n*, comme *nationaliste, régionaliste* et *rationaliste*.

coi : issu du latin classique *quietus* (« quiet »), tout comme *quiétude.* Cet adjectif signifie « qui se tient tranquille, silencieux ». Il devient *coite* au féminin (à ne pas prononcer comme *coït*, bien sûr !).

for : vient du latin *forum* (« place publique », puis « tribunal »). Le *for intérieur* est en quelque sorte le tribunal intime de la conscience.

dès potron-minet : désigne le moment où le *minet* (le chat) montre son *potron* (du latin *posterio*, « derrière ») parce qu'il se lève et s'étire, c'est-à-dire au lever du jour, au petit matin.

ayurvédique : l'ayurvéda est la médecine traditionnelle indienne, qui vise à établir un équilibre entre le corps et l'esprit par des moyens naturels (massages, plantes, alimentation...).

demi : placé devant un nom ou un adjectif, auquel il est relié par un trait d'union, *demi* est invariable. Autre exemple : *Ils sont demi-nus.*

fut terminé : le verbe *terminer* est ici conjugué au passé antérieur, temps de l'indicatif, car il suit la locution *après que*. Astuce : pour déterminer quel temps utiliser, remplacez *après que* par *dès que*.

cerfs-volants : nom composé d'un nom commun et d'un adjectif, donc les deux éléments s'accordent lorsque le nom composé est au pluriel.

éburné : adjectif littéraire signifiant « qui a l'aspect, la blancheur de l'ivoire ». On rencontre aussi la forme *éburnéen*.

sans pareille : cette locution signifie « qui n'a pas son égal ». L'adjectif *pareil* s'accorde en genre et nombre avec le nom qui précède.

lascifs : empreints d'une grande sensualité. C'est le seul adjectif de la langue française se terminant par *-scif.* Par ailleurs, les adjectifs qui suivent la locution *des plus* sont toujours au pluriel.

susurra : avec un *s* et deux *r*. Bien que placé entre deux voyelles (ici, deux *u*), le second *s* se prononce [s] et non [z]. *Susurrer* est donc une exception, tout comme *vraisemblable* et ses dérivés, ou encore *primesautier, resaler, resituer, resalir, tournesol.*

nombre de : cette locution est toujours suivie d'un nom au pluriel, comme *quantité de* et *beaucoup de*.

turgescent : la turgescence est l'augmentation de volume d'un organe, notamment par rétention de sang veineux. *Turgescent* signifie donc « gonflé, enflé ».

maintes : l'adjectif *maint*, qui signifie « plusieurs, un grand nombre de », s'accorde avec le nom qu'il qualifie, ici le nom féminin *fois,* qui est au pluriel

s'ensuivit : ce verbe pronominal issu de *suivre* s'écrit en un seul mot. Attention aux temps composés : *il, elle, s'est ensuivi(e)* **|** *ils, elles se sont ensuivi(e)s.*

ineffable : du latin *ineffabilis* (« qu'on ne peut exprimer »). Quelque chose d'*ineffable* ne peut être exprimé par des paroles. Il est souvent employé dans un contexte positif.

tout : placé devant un adjectif masculin ou féminin commençant par un *e* ou un *h* muet, l'adverbe *tout* est invariable.

moult : adverbe ancien signifiant « beaucoup, très ». Il est invariable, d'où *moult témoins.*

Avatars : Jean Navarre, d'après les photographies de François Escriva
Autres visuels : Jean Navarre, d'après Shutterstock
Conception graphique et mise en pages : L'Épicerie graphique pour Lunedit
Ingénieurs du son : Romain Dowska et Léonard Mule @ Studio du Poisson Barbu
Réalisation : lunedit.com

Dépôt légal : août 2020
N° d'édition : 3967
ISBN : 978-2-7005-0864-2
www.assimil.com
Imprimé en Slovénie par DZS en août 2020